# La francophonie

XAVIER DENIAU

Maître des Requêtes au Conseil d'Etat (H.)
Président du Comité de la Francophonie

*Sixième édition*

*22ᵉ mille*

Ouvrage couronné par l'Académie française
Prix de la Langue française

CHARTERHOUSE
LIBRARY
WITHDRAWN

ISBN  2 13 052158 4

Dépôt légal — 1re édition : 1983
6e édition : 2003, mai

© Presses Universitaires de France, 1983
6, avenue Reille, 75014 Paris

## AVANT-PROPOS
## DE LA NOUVELLE ÉDITION

La résurgence du mot et de l'idée de francophonie, c'est-à-dire des liens privilégiés entre les hommes et les peuples de langue française, date, comme l'on sait, du numéro spécial de la revue *Esprit,* en 1962.

Que s'est-il passé depuis lors ?

Nous avons eu une période d'installation de procédures et d'organismes non gouvernementaux ou gouvernementaux, en France, et entre les pays francophones de 1962 à 1970, puis un « palier » le long duquel les choses se sont déroulées selon une routine sans éclat et sans surprise.

Pendant toute cette période de gestion, l'idée de francophonie s'est bien établie dans les groupes politiques français, beaucoup plus mal auprès du personnel administratif, et pratiquement pas dans le secteur des médias.

Et voici que, ces dernières années, une véritable explosion de l'idée de francophonie s'est produite dans le secteur médiatique.

Cette explosion qui a rendu le mot et l'idée de francophonie familiers à l'ensemble des Français est due à un certain nombre de causes qu'il convient de rappeler :

— L'action continue de nombreuses associations et organismes a fini par jouer sur le sentiment public.

— Les cinq premières conférences de chefs d'Etat et de gouvernement ayant en commun l'usage du français, à Paris en 1986, Québec en 1987, Dakar en 1989,

Chaillot en 1991, à Maurice en 1993 ont placé au plus haut niveau, comme le souhaitaient les pionniers de la francophonie, la mise en œuvre de la solidarité entre les hommes et les peuples de langue française.

— La création en France, dans un premier temps (en 1986), d'un secrétariat d'Etat auprès du Premier Ministre, chargé de la Francophonie, attribué à une Antillaise dynamique, Lucette Michaux-Chevry, puis, en 1988, la nomination d'Alain Decaux, personnalité médiatique, comme ministre délégué auprès du ministre des Affaires étrangères, chargé de la Francophonie, ont et vont continuer à populariser auprès des médias des thèmes de la francophonie.

— La création d'une commission de la francophonie au sein de l'Académie française, effectuée par le secrétaire perpétuel, Maurice Druon — qui représente la seule création de commission depuis celle du dictionnaire — a relancé au plus haut niveau culturel français la conscience d'une langue et d'une culture commune à tous les peuples utilisant le français. Cette création s'est accompagnée de l'attribution d'un grand prix de la francophonie dont le premier titulaire a été l'éminent poète libanais, Georges Shehade.

En 1994, le prix a été attribué à l'écrivain algérien Mohammed Dib. De même, l'Académie des Sciences d'outre-mer a créé en son sein une commission de la francophonie qui devra attribuer des prix dans le domaine scientifique.

— Il n'y a pas de semaine maintenant sans manifestation de la francophonie, tant en France que dans les pays francophones, sous les aspects les plus divers : réunions ministérielles, colloques ou rencontres, événement artistique ou culturel ; ainsi les deuxièmes jeux de la francophonie (les premiers s'étant déroulés au Maroc) réunissant les représentants de quarante pays en des compétitions sportives et culturelles, ont eu lieu à Paris et dans l'Essonne en juin 1994.

— La réalisation d'opérations de solidarité pour la francophonie, tel l'envoi de livres vers les pays en voie de développement, à l'initiative d'entités diverses comme les maires de France ou l'association pour la diffusion francophone de livres, d'ouvrages et revues (ADIFLOR).

— Sans oublier l'action des professeurs de français dans le monde, pour notre langue.

Mais l'important est que ce soulèvement de l'idée de francophonie ne retombe pas d'ici quelques mois ou quelques années, et qu'il signifie un passage définitif à un niveau plus élevé de conscience, en France même — puisque notre langue et notre culture représentent l'identité même de notre pays — et sur le plan international : les regroupements culturels sont, au-delà des différences géographiques et historiques, les véritables solidarités de demain.

Souhaitons donc que les médias écrits et parlés continuent leur œuvre d'information et de légitimation de l'idée de francophonie, contribuant ainsi à assurer une dynamique constante de solidarité et de coopération par l'instrument de la langue française.

Souhaitons également que la France accepte d'assumer pleinement sur le plan des idées, des initiatives et des gestions, les responsabilités qui sont les siennes.

Dans le monde tel que l'ont fait la décolonisation, la formation de l'Europe et la crise du Tiers Monde, la francophonie reste peut-être la chance de la France aussi bien que de l'Afrique, étant entendu, que s'attarder sur la langue française comme manifestation de l'impérialisme, c'est se tromper de saison.

Voici un extrait de la déclaration de Hanoï signée par les 49 gouvernements présents :

« *Considérant* que la paix et le développement sont mieux servis par la mise en commun des ressources et des énergies, et que la Francophonie se définit comme un espace privilégié de concertation et d'action multi-latérales,

« *Favorisons,* dans le traditionnel l'esprit de solidarité francophone, l'entraide et l'élargissement de la coopération entre les pays développés et les pays moins avancés, ainsi qu'entre les pays du Sud eux-mêmes,

« *Appelons* tous les pays, organisations et intervenants de la famille francophone, à exploiter le riche potentiel qu'offre notre coopération multilatérale dans le domaine des ressources humaines au service du développement, particulièrement par la priorité accordée au secteur de l'éducation-formation. »

Ainsi que l'a dit, lors du sommet, M. Boutros Ghali, secrétaire général des Nations Unies, maintenant élu secrétaire général de la Francophonie, dans sa déclaration magistrale :

« La francophonie n'est vraiment elle-même que lorsqu'elle prend toute sa part à la grande aventure du monde. C'est du moins ainsi que je veux l'entendre. Pour moi, la francophonie est d'abord une incitation à la créativité, une invention à la pensée.

« En tant que secrétaire général des Nations Unies, du point de vue qui est aujourd'hui le mien, je veux dire fortement que la francophonie est une autre manière de concevoir le monde. C'est tout à la fois, penser notre identité, penser le plurilinguisme et penser l'universalisme. »

C'est dire qu'il s'agit d'une œuvre à mener en coresponsabilité entre tous les Etats francophones, entre peuples convaincus qu'ils sont « au centre d'une civilisation en devenir ».

## INTRODUCTION

L'idée d'une communauté francophone n'apparaît plus de nos jours, comme il y a trente ans, faite de nostalgie et d'espérance : nostalgie des liens anciens, mais perdus, espérance activée par le désir de renouer des liens privilégiés avec les peuples d'une même communauté culturelle. La francophonie, aujourd'hui, est une idée qui a fait son chemin, qui a dépassé le stade de projet : c'est une réalité.

Il ne faudrait pas, toutefois, se méprendre sur les intentions des francophones, sur nos intentions. La France ne recherche, dans son action en faveur de la francophonie, ni l'hégémonie, ni une quelconque forme d'impérialisme culturel.

Voici ce que nous disions à la tribune de l'Assemblée nationale en 1976 :

« Pour nous, la francophonie n'est pas une vaste construction juridique et contraignante. C'est une prise de conscience de cette solidarité naturelle : née d'une approche analogue des affaires du monde à l'aide d'un même instrument, née d'une expression semblable des idées. Pour la faire vivre, il faut non bâtir artificiellement des structures périssables, mais animer les rencontres, les concertations et les échanges dans un foisonnement de relations et de services qui est celui de la vie. La langue, la culture et la civilisation française appartiennent à toutes les familles spirituelles et politiques de notre pays et des autres pays qui se réfèrent à notre langue. La langue française est médiatrice et non pas impératrice. »

Cette notion de médiation, sans qu'il soit nécessaire d'aller jusqu'au sens juridique du terme, rend

7

bien compte du projet francophone. La francophonie assure, en effet, une fonction de relations, de communication, et donc d'enrichissement mutuel. Elle ne peut que favoriser ce que Léopold Sédar Senghor appelle le « dialogue des cultures ». Elle est un moyen de compréhension réciproque et de solidarité entre les peuples.

En effet, la francophonie n'est pas politique, tout au moins au sens galvaudé du terme : elle ne l'est qu'au sens où elle se préoccupe des intérêts de la « cité francophone ».

La francophonie ne saurait se confondre avec une idéologie : elle refuse tout assimilation de près ou de loin, avec ces notions en « isme », impérialisme, racisme, colonialisme, qui se définissent par la négation d'autrui et l'orgueilleuse affirmation d'une suprématie quelconque.

Elle est une commune recherche de la compréhension, une commune manière de forger ces solidarités intellectuelles et morales mais aussi bien économiques et sociales qui sont les exigences d'aujourd'hui.

C'est ici notre intention d'évoquer, d'expliquer tout ce qu'est la francophonie après avoir ainsi écarté tout ce qu'elle n'est pas.

« La francophonie est un espace de dialogue, de coopération et de partenariat dans le plus profond respect de sa diversité. Son unité se fonde sur une communauté de valeurs de la langue ; consacrée à la promotion de la paix, de la justice, de la sécurité, de la solidarité, de la démocratie ainsi qu'au respect des droits de l'homme et des libertés fondamentales, qui sont universels et indéniables. »

C'est une œuvre commune, c'est une quête et un effort, c'est une entreprise par l'ouverture et la connaissance réciproque, bref, elle doit avoir sa part dans l'élaboration de ce qui fait l'homme d'aujourd'hui, c'est ce que nous voudrions montrer ici.

## PREMIÈRE PARTIE

# MISE EN PLACE
# DE LA FRANCOPHONIE

## Chapitre I

## A LA RECHERCHE
## D'UNE DÉFINITION

Plus ou moins bien intégrée dans la conscience collective, la francophonie apparaît comme une des grandes notions qui font date dans l'histoire des idées et des mentalités, sans pour autant susciter la précision ou la rigueur. Chacun connaît le mot mais aurait bien du mal à le définir.

Nous nous efforcerons de remédier à ce manque en traçant tout d'abord l'histoire du mot, puis en tentant d'expliciter ses différents sens.

### I. — La francophonie :
### histoire d'un mot

1. **Naissance.** — Le mot semble avoir été inventé par le géographe Onésime Reclus (1837-1916), frère du célèbre géographe Elisée Reclus. Personnage peu connu puisque les dictionnaires, le *Petit Larousse* notamment, le définissent par cette simple mention

« géographe français né à Orthez », Onésime Reclus nous intéresse doublement. Il est en effet l'inventeur de la francophonie en actes comme en paroles et la figure du francophone type tel que pouvait l'engendrer la mystique de la III$^e$ République.

Sa formation de géographe le conduisit à étudier la France et l'Afrique du Nord ainsi qu'à publier des atlas et des ouvrages de géographie traditionnelle. Il eut l'idée de classer les habitants de la planète en fonction de la langue qu'ils parlaient dans leurs familles ou dans leurs relations sociales. Cette initiative était entièrement neuve à l'époque. O. Reclus délaissait les critères habituels de l'ethnie, de la race, de l'état d'avancement social ou économique, initiative d'autant plus originale et hardie à l'époque du traité de Berlin (1878) où le globe est divisé en Etats ou en colonies et les hommes en citoyens ou en sujets administrés. O. Reclus décrivit et essaya même de chiffrer ces populations francophones, ce qui l'amena à créer le terme de « francophonie », qui désigne l'ensemble des populations parlant français. Le sens premier et immédiat du terme était né : la francophonie recouvrait à la fois une idée linguistique et une relation géographique (ensemble des territoires où l'on parle français).

La modernité d'O. Reclus ne se borne pas à ces considérations linguistiques et géographiques. Ses idéaux politiques lui permirent de conférer une autre dimension au nouveau concept. Animé d'un vif sentiment républicain qui le conduisit à la Commune et à l'exil, O. Reclus, en nationaliste convaincu, voyait dans la République française le véhicule des idéaux de liberté. La France, pour les hommes de cette génération, reste celle de la grande révolution, celle des soldats de l'an II, la nation porte-flambeau qui doit servir le monde par son exemple. La langue française déborde des cadres linguistiques pour devenir le ferment mystique des idéaux proprement français, et notamment de la liberté. O. Reclus entrevoyait une francophonie, symbole et résumé de la solidarité humaine, du partage de la culture et de l'échange.

2. **Oubli et résurgence.** — Le mot et l'idée disparaissent de la conscience collective et des écrits avec O. Reclus, ce qui tend à montrer combien le géographe faisait figure de pionnier dans une *terra incognita.*

Le mot ne réapparaît qu'en novembre 1962 dans un numéro spécial de la revue *Esprit* intitulé « Le français dans le monde ». Ce numéro rassemblait de prestigieux écrivains de toutes nationalités (dont certains étaient appelés à jouer un rôle politique), comme Camille Bourniquel, Gougenheim, Léopold Sédar Senghor, Pierre-Henri Simon, Norodom Sihanouk, Jean Pellerin, Jean-Marc Léger.

Ces écrivains analysaient les chances de l'avenir pratique d'une telle idée. Le président Senghor, agrégé de grammaire et poète de langue française, offrait au mot et à la notion une audience internationale.

Cependant, le mot ne fit que tardivement son entrée dans les dictionnaires. Dans la mesure où ces derniers consacrent la réalité et l'existence des notions, il apparaît que la francophonie demeura longtemps l'apanage de quelques pionniers avant d'entrer dans la conscience de chacun. L'adjectif « francophone », qui est une simple notion linguistique, apparaît plus tôt et plus régulièrement, car, loin de remettre en cause des conceptions historiques, anthropologiques ou culturelles, il ne fait que constater une réalité : « Qui parle habituellement ou accessoirement la langue française. »

Le *Quid* dans son édition de 1968 est le premier ouvrage qui consacre à la francophonie, prise dans son sens le plus courant, un long commentaire. Celui-ci ne se limite pas à des définitions mais passe en revue les principaux fondateurs (notamment les présidents Senghor et Bourguiba) ainsi que les divers organismes intéressés à la défense et à la promotion de la langue française. La francophonie apparaît alors comme une réalité et non comme la chimère de quelques intellectuels. Depuis, l'ensemble des dictionnaires et des encyclopédies a intégré le mot en lui attribuant deux acceptions principales : le fait d'être francophone (directement dérivé de l'adjectif) et la collectivité constituée par les peuples parlant français (ce qui donne au mot une extension riche de significations et d'implications).

Avant d'être ainsi officialisé par les dictionnaires et les encyclopédies, le mot avait été employé et diffusé par les hommes politiques, par les intellectuels et par les journalistes. L'idée que des relations privilégiées devaient exister entre individus parlant la même langue faisait son chemin.

3. **Vitalité et concurrence.** — La rançon de cette diffusion fut double : d'une part, le mot apparut peu précis, ce qui le rendit moins crédible aux yeux de certains et, d'autre part, divers synonymes ou mots parallèles firent leur apparition.

Le terme touchait une matière à la fois sensible et nouvelle, celle des relations à adopter vis-à-vis des peuples récemment décolonisés. Il n'est pas étonnant alors que le mot se soit développé dans plusieurs directions à tel point qu'un journaliste du *Monde* le qualifia de « terme magique » ou que Jean-Marc Léger, dans une communication faite au printemps 1977, à l'occasion du colloque « Francophonie et Commonwealth » le présenta ainsi : « Vocable au bonheur éminemment discutable, la francophonie a quelque chose d'une version contemporaine de l'auberge espagnole, chacun y trouve ou croit y trouver ce qu'il y a apporté. » L'accueil réservé à cette notion, exaltée, stigmatisée ou parfois même ridiculisée (la « francofaunie » du *Canard enchaîné,* par exemple), était clairement mis en évidence tandis qu'un hommage (indirect peut-être) était rendu à la foi et au travail des pionniers de la francophonie. En effet, ce foisonnement de sens, cette multiplicité dans les usages attestent la vitalité de l'idée de francophonie. Un mot unique saurait-il rendre compte de cette mutation intellectuelle ? Certains puristes y verront peut-être un impardonnable défaut mais les plus pragmatiques — ou les plus enthousiastes — y décèlent plutôt une chance. Utilisé par des hommes de formations diverses, le terme de francophonie, et les réalités matérielles et intellectuelles qu'il recouvre, serait plus proche de la mort que de la vie s'il n'était qu'enfermé dans un sens étroit et unique.

Aussi n'est-il pas étonnant que le terme de « francophonie » ait été concurrencé par d'autres. Cette concurrence s'avéra saine car elle contribua paradoxalement à élargir le champ d'application de l'idée et à la préciser par rapport à d'autres. Les nouvelles conceptions relatives à la place de la langue et de la culture françaises dans le monde ont engendré les termes de « francitude », de « communauté francophone », de « communauté de langue française » et même, ô paradoxe, « Commonwealth francophone ».

Il est évident que cette lexie ne pouvait s'imposer. Il semble en effet curieux de recourir à l'anglais pour définir une notion originellement fondée sur la langue française : à cette contradiction linguistique s'ajoute une incompréhension historique. En effet, le Commonwealth ne regroupe pas ses adhérents en fonction de la langue anglaise puisque tous les Etats anglophones, à commencer par les Etats-Unis d'Amérique, n'appartiennent pas au Commonwealth. De plus, le Commonwealth possède une organisation pyramidale conçue dès son origine alors que les structures de la francophonie se caractérisent comme nous le verrons par une grande souplesse et une grande diversité.

En fait, seul le mot de « francité » a subsisté tandis que les autres ont sombré.

4. **La « francité ».** — Le terme de « francité » est, en effet, le seul qui corresponde à une notion intellectuelle définie. Il est fréquemment utilisé en Belgique (où il existe une « Maison de la Francité ») et où il a été analysé par Maurice Piron. Le terme est utilisé par Roland Barthes dans son recueil d'essais *Mythologies* (1957) qui est une réflexion sur les idées et les valeurs de la société contemporaine. Il est diffusé par le P$^r$ Jacques Berque au Canada, puis relancé par Jean-Marc Léger dans le journal *Le Devoir* de Montréal en 1964. Il trouve son défenseur et son propagateur en la personne du président Senghor qui le définit avec la chaleur du poète. Le mot, bien que moins fréquemment employé, continue cependant d'exister car il possède un sens précis défini par rapport à la francophonie qu'il éclaire. Le *Grand Larousse* caractérise la francité comme l' « ensemble des caractères propres à la civilisation française ». Il semble donc qu'on se réfère ici plus à la France et à une essence française qu'à la langue. La francophonie apparaît comme la manifestation de la francité.

Un discours du président Senghor a le mérite de préciser les deux notions l'une par rapport à l'autre : la francophonie est un « mode de pensée et d'action, une certaine manière de poser les problèmes et d'en chercher les solutions. Encore une fois, c'est une communauté spirituelle : une noosphère autour de la terre. Bref, la francophonie c'est, par-delà la langue, la civilisation française : plus précisément l'esprit de la civilisation, c'est-à-dire la culture française que j'appellerai la francité » (Université Laval, septembre 1966).

La « francité » se caractérise comme l'aspiration à un certain génie commun de la pensée. Elle est l'âme de la francophonie, la volonté et l'affirmation d'une communauté spirituelle qui entend partager et enrichir les valeurs de la civilisation.

En retraçant les étapes de l'histoire d'un mot, c'est son mode de circulation dans les idées, son accueil dans les esprits que l'on effleure. Ceci nous conduit désormais à nous interroger sur le ou les sens qu'il recouvre.

## II. — La francophonie : les différents sens du mot

S'il est impossible de réduire la francophonie à une définition unique, il apparaît en revanche que les sens qu'elle englobe concourent à son enrichissement, car ils permettent de dépasser des constatations purement matérielles pour atteindre une valeur mystique. Ces divers sens sont tous des approches différentes d'un même mouvement de réflexion, et leur divergence (ou leur complémentarité) reflète cet approfondissement.

Plusieurs sens apparaissent ainsi : linguistique, géographique, spirituel et mystique, institutionnel, dont les interférences et les implications doivent être développées.

1. **Un sens linguistique.** — L'origine du substantif « francophonie » est l'adjectif « francophone ». Son sens ne pose pas de problème ; il signifie « qui parle la langue française » ou « personne parlant le français ». Dans ce contexte linguistique, la francophonie signifie « le fait d'être francophone », le fait de « parler français ». L'accent est mis sur le langage comme l'indique le terme de « phonie ». Ce sens, historiquement premier, fut d'abord le plus fréquemment utilisé.

Quelques citations le prouvent. Le P$^r$ Durey parle par exemple des « volontaires de la France libre dont l'émouvante francophilie se revêtait d'une savoureuse francophonie ». Cependant ce sens, matériel et immédiat, n'intéresse que les linguistes et les grammairiens et prend rapidement une extension supérieure comme en témoignent ces citations. J.-P. Dannaud écrit ainsi : « Depuis 1961, la francophonie se renforce chaque jour par le simple développement d'une scolarisation qui s'effectue exclusivement ou principalement en langue française. » Déjà la simple constatation linguistique s'efface au profit de sens plus diffus peut-être, mais également plus philosophiques.

2. **Un sens géographique.** — Le deuxième sens du mot est également matériel, géographique cette fois, et dérive du premier. Il existe dans le monde un certain nombre de peuples, d'hommes, dont la langue (maternelle, officielle, courante ou administrative — les distinctions devront être faites ultérieurement) est le français : ces peuples et ces hommes forment la francophonie. L'identité de langue fonde un ensemble géographique. Les dictionnaires retiennent souvent ce sens.

Si l'*Encyclopédie universelle* (août 1970, 1$^{re}$ édition du volume VII) met l'accent sur la dimension linguistique, puisque le mot « francophonie » apparaît dans l'article consacré à la « Langue française », le *Dictionnaire Quillet* (supplément 1977) souligne le lien entre le critère linguistique et le critère géographique : « Francophonie » : fait d'être francophone, par extension, ensemble des pays francophones (Afrique). Les autres dictionnaires sont unanimes ; par exemple *Petit Larousse,* édition de 1971 (« Collectivité constituée par les peuples francophones : France, Belgique, Canada, Québec, Nouveau-Brunswick, Suisse, Afrique, Antilles, etc. »).

La francophonie pourrait n'être à ce niveau qu'un simple état de fait sans conséquence, comme le souligne cette boutade du président L. S. Senghor : « Je n'ai pas inventé la francophonie, elle existait déjà. » Ce n'est que grâce à une prise de conscience et à une volonté d'action que les possibles sont devenus des réalités.

En effet, la dimension géographique est essentielle à la francophonie car les millions d'individus capables de parler le français et de le répandre sont des franco-phones potentiels. Toutes les possibilités matérielles de rayonnement de la langue sont dans cette constatation géographique. « La langue française, déclarait le président Valéry Giscard d'Estaing, est le bien commun de tous ceux qui la parlent et nous aurions tort d'enfermer sa défense et son illustration dans les limites de la France. » Là résident des différences entre une langue uniquement parlée par des nationaux si nombreux soient-ils et une langue qui sert de liens entre différents peuples. Dans le premier cas, les relations entre les usagers d'une même langue sont obligatoirement historiques, politiques, juridiques, économiques — nationales en un mot —, tandis que dans le second cas (dans l'exemple de la francophonie) les liens entre les peuples différents ne sont plus imposés, même s'ils sont nés d'une histoire plus ou moins bien acceptée, remise en cause à un moment ou à un autre. Les différences, les différends parfois même, permettent d'établir un dialogue fructueux entre diverses cultures, de les enrichir mutuellement, ce que ne pourrait réaliser une langue parlée à un simple niveau national.

La dispersion des hommes francophones, le nombre élevé d'Etats qui utilisent le français comme langue de communication internationale sont essentiels à la francophonie au même titre que la valeur du message culturel véhiculé par notre langue.

Une langue, écrit le P$^r$ Josef Hanse, « n'est pas universelle parce qu'elle est parlée par cent millions ou deux cents millions d'individus ».

« L'allemand est assurément une grande langue internationale, mais en dépit de sa diffusion il n'est pas une langue universelle. »

3. **Un sens spirituel et mystique.** — La franco-phonie ne désigne pas simplement une réalité linguistique, géographique et sociale, mais également le sen-

timent d'appartenir à une même communauté. Cette solidarité naît du partage de valeurs communes aux divers individus et communautés francophones. Auguste Viatte, dans son ouvrage intitulé *La francophonie* met en évidence la nuance séparant les adjectifs *english* (adjectif de nationalité) et *british* (adjectif culturel qui évoque précisément cette communauté d'esprit) et indique que la même analyse pourrait être conduite à propos de « français » et de « francophone ». Ainsi les clivages géographiques et politiques s'effacent au profit d'une plus grande compréhension qui n'exclut pas le respect des différences.

G. Pompidou y décelait le principe même de la francophonie : « Que les peuples d'expression française se sentent, par-delà les intérêts économiques ou même politiques, unis par un lien spécial qui est intellectuel et aussi sentimental. »

Ce nouveau sens de la francophonie est l'un des plus riches et l'un des plus employés précisément parce qu'il est porteur d'avenir. Le thème de l'appartenance à une communauté permet non seulement de voir dans la francophonie l'ensemble des liens privilégiés unissant des peuples de même langue, mais également les valeurs transmises par la langue, la culture et la civilisation de ces peuples. Qu'elle soit orientée vers l'action ou chantée, l'idée d'une communauté francophone est et a été le thème lyrique d'innombrables discours.

Le président Senghor, en voyant dans la francophonie « une communauté intellectuelle ou spirituelle dont la langue nationale, officielle ou de travail est le français », est un des nombreux analystes et poètes qui chantent à la fois la langue française et la francophonie en leur conférant une assise dans le monde matériel.

La notion de communauté apparaît également dans cette citation du président Bourguiba (Assemblée nationale du Niger, décembre 1965) :

« La langue est un lien remarquable de parenté qui dépasse en force les liens de l'idéologie (...) pour vous, comme pour nous, la langue française constitue l'appoint à notre patrimoine culturel, enrichit notre pensée, exprime notre action, contribue à forger notre destin intellectuel et à faire de nous des hommes à part entière, appartenant à la communauté des nations libres. »

On voit ici que cette communauté se situe en dehors de la politique et de la géographie, et que les critères sont avant tout philosophiques : grands idéaux de la France de 1789, aspirations de l'humanité ayant pour noms « liberté, concertation, entraide »...

Le président Bourguiba montrait d'ailleurs volontiers dans son bureau son certificat d'études françaises (c'était à l'époque un document de valeur) entouré des portraits des « martyrs de l'indépendance » en disant : « Voilà grâce à quoi et à qui j'ai libéré mon pays. »

Il ne s'agit pas pour les pays francophones de se replier vers des valeurs héritées et d'être les gardiens jaloux d'un sanctuaire fermé aux autres. Les mots d'ordre sont au contraire : ouverture au monde extérieur, dialogue, accueil à la différence et préparation de l'avenir. C'est ce dont témoigne cet extrait d'un discours prononcé par L. S. Senghor au Congo-Kinshasa (aujourd'hui Zaïre) en février 1969 : la langue française est « pour nous un moyen précieux de communication avec l'extérieur et de connaissance des autres comme de nous-mêmes. La francophonie est une volonté humaine sans cesse tendue vers une synthèse et toujours en dépassement d'elle-même pour mieux s'adapter à la situation d'un monde en perpétuel devenir ».

Ce sens du mot de francophonie est assurément le plus idéaliste. Les notions matérielles sont transcendées ou métamorphosées au profit de considérations philosophiques. Témoin ce discours du général de

Gaulle qui définit le rôle supranational et transhistorique de l'esprit :

> « N'est-ce pas pour ce motif qu'en dépit des exclusives et par-dessus les frontières, le développement intellectuel commande le progrès général ? N'est-ce pas aussi parce que la pensée, le sentiment et la raison, marques de notre espèce, qui lui confèrent sa solidarité, autrement dit que l'unité humaine ne procède que de l'esprit ? » (4 novembre 1966, Unesco).

Ainsi se définissent des familles spirituelles plus riches de leur héritage partagé. Ecoutons des poètes comme Saint-John Perse chantant son enfance aux Iles dans ses premiers recueils poétiques, puis s'ouvrant à la France métropolitaine ; écoutons aussi Aimé Césaire, chantre de la négritude certes, mais dans quel merveilleux français !

Cette notion d'idéal communautaire, de partage, nous conduit à examiner une évolution du sens spirituel du mot francophonie que l'on pourrait qualifier de « mystique ». Cette attitude se caractérise par une grande vénération pour notre langue. Celle-ci posséderait une sorte de supériorité sur les autres langues du monde. Les caractéristiques de la langue, de ses modes d'analyse et de composition expliqueraient donc la qualité de la pensée française et le rayonnement culturel de la France.

> Ces approches laissent toute sa place à la plus magnifique passion : « Le français, écrit Léopold Sédar Senghor, ce sont les grandes orgues les plus suaves, aux fulgurances de l'orage, et puis il est tour à tour flûte, hautbois, tam-tam. Le français nous a séduits de ces mots abstraits et rares dans nos langues maternelles, où les membres se font pierres précieuses. Chacun des mots est naturellement nimbé d'un halo de sève et de sang. Les mots français rayonnent de mille feux comme des fusées qui éclairent notre nuit. »

Remarquons cependant que ces idées ne sont pas le seul fait des Français. De tout temps et de même hors de France, cet enthousiasme pour la langue française, langue humaniste, s'est exprimé. On prête par exemple à Charles Quint sous des formes diverses ce propos :

« Je parle anglais aux commerçants, italien aux femmes, français aux hommes, espagnol à Dieu et allemand à mon cheval. »

On retrouve cette opinion au XVIII$^e$ siècle. L'Académie de Berlin avait organisé un concours que Rivarol — fils d'Italien — remporta grâce à son discours intitulé *De l'universalité de la langue française.*

Rivarol se voulait méthodique, mais le ton est passionné : l'analyse cède le pas à l'affirmation enthousiaste. Il passe donc en revue les différentes langues, décèle les raisons de leur échec, puis analyse les différentes causes du succès de la langue française qui se caractérise par ses segmentations, ses articulations précises, sa versification par rimes (et non par accents, à la différence de l'anglais ou de l'allemand).

Le charisme de la langue française semble reposer essentiellement sur les qualités de clarté de la langue. « Ce qui n'est pas clair n'est pas français », dit Rivarol.

Et Paul Valéry écrivait : « Notre langue rebelle, aux formations des mots composés, aux facilités d'accords, au placement arbitraire des mots dans la phrase, et se contentant volontiers d'un vocabulaire assez restreint est justement fameuse pour la clarté de sa structure. »

Cette clarté est devenue une sorte de mythe parfois incarné : les Etats arabes se réfèrent au texte français de la résolution 242 des Nations Unies (1967) (« ... se retireront des territoires occupés »), plus précis que l'anglais (« ... of occupied territories ») concernant les territoires occupés par l'Israël.

Il ne faut pas cependant enfermer notre patrimoine dans la seule idée de clarté.

La France c'est Montaigne et Voltaire, mais c'est aussi Mallarmé et Nerval. Il est néanmoins vrai que les caractères propres d'une langue influencent la pensée et les valeurs culturelles qu'elle véhicule. Le français étant parlé par un grand nombre d'individus, l'échange culturel entre les francophones d'Europe et des autres continents fonde une même famille spirituelle.

Le charisme de la langue française tient également à l'histoire. La France, pays de philosophes et de moralistes, apparut comme le porte-flambeau d'idéaux nouveaux, ce qui explique cette parole de Renan : « La liberté, les droits de l'homme, la fraternité ont pour la première fois dans le monde été proclamés en français. » C'est au nom de tels enthousiasmes parfois inexacts, que l'idée s'est propagée d'une France capable d'engendrer la culture universelle et de la diffuser. Le pape Paul VI l'exprimait à Jean Guitton : « Le français permet la magistrature de l'essentiel », et il nous disait : « La langue française est la plus digne d'exprimer les trésors de notre foi. »

La France semble donc porteuse d'une mission culturelle comme l'indiquent ces deux citations, l'une de G. Pompidou :

> « La langue est un instrument privilégié d'expression et de communication entre les hommes, un support irremplaçable d'humanisme ouvert et généreux (...). Le rôle de la langue n'est pas un simple moyen d'expression, c'est un moyen de penser, un moyen d'influence intellectuelle ; c'est à travers notre langue que nous existons dans le monde autrement qu'un pays parmi d'autres. »

et l'autre de Ch. de Gaulle :

> « Car il est vrai que la France a de tout temps labouré avec passion le champ de l'intelligence et offert à la terre entière d'assez précieuses récoltes, il est vrai qu'elle met à la disposition du monde une langue adaptée par excellence au caractère universel de la pensée. »

La francophonie c'est l'humanisme intégral qui se tisse autour de la terre, cette symbiose des « énergies dormantes » de tous les continents, de « toutes les races qui se réveillent à leur chaleur complémentaire », écrit magnifiquement le président Senghor.

Ce dernier sens n'est pas contemplatif. Paradoxalement, il est tourné vers l'avenir et les réalisations pratiques. Cet aspect concret transparaît dans la formule d'Edgar Faure : « La francophonie n'est, ne peut être et ne sera qu'une formule qui balaie tous les relents de néo-impérialisme ou de néo-colonialisme. » Michel Jobert à la même époque intitulait l'un de ses cahiers : *La francophonie, œuvre collective pour la liberté.*

Ces lignes du rapport du Haut Comité de la Langue française, écrites en 1977, montrent combien l'idéal se double de pragmatisme et d'efficacité :

« (...) on ne peut penser que les problèmes importants qui préoccupent la planète auront une chance d'être mieux résolus s'ils peuvent l'être à travers un ensemble qui parle la même langue : (qu')inversement si on ne parvient même pas à les régler à l'intérieur d'un ensemble linguistique, il y a peu de chance qu'ils soient jamais résolus autrement que par une crise tragique. Par conséquent, la francophonie est une sorte d'école de la fraternité humaine. »

Achevons ces litanies à notre langue — une telle révérence est d'ailleurs incompréhensible à certains étrangers, en particulier aux Américains — par quelques mots de Paul Valéry :

« Notre discours est de registre peu étendu : notre parole est plane, aux consonnes très adoucies, elle est riche en diphtongues de sonorités exquises et subtiles. »

Rappelons aussi la chanson d'Yves Duteil, *La langue de chez nous* :

C'est une belle langue à qui sait la défendre
Elle offre les trésors de richesses infinies
Les mots qui nous manquaient pour pouvoir nous comprendre
Et la force qu'il faut pour vivre en harmonie
Et de l'île d'Orléans jusqu'à la Contrescarpe
En écoutant chanter les gens de ce pays
On dirait que le vent s'est pris dans une harpe
Et qu'il a composé toute une symphonie.

Et cette aimable citation du P. Bonhours : « La langue française est comme ces belles rivières qui enrichissent tous les lieux où elles passent. »

4. **En conclusion, un sens institutionnel.** — « Le concept de francophonie n'a pas de base objective sérieuse, écrit Jacques Cellard, mais la représentation — subjective — de ce pseudo-concept est une réalité politique, sociale et culturelle. » Et, en effet, l'appartenance linguistique et géographique à un même ensemble provoque chez les individus un sentiment de participation qui se traduit dans la réalité par la naissance d'associations et d'organisations publiques et privées. Elle peut fonder une communauté plus vaste de concertation et de coopération, tendre à l'universel, surmonter les clivages en se référant à la formule de Teilhard de Chardin : « Tout ce qui monte converge. »

Nous parlerons donc dans cette étude de la francophonie dans ses quatre acceptations mais en particulier dans celle qui recouvre les liens privilégiés de droit et de fait unissant les peuples de langue française — ce que nous avons appelé de façon un peu trop systématique la francophonie institutionnelle.

Le but de cet ouvrage est en effet avant tout de décrire ce qui est.

Chapitre II

## L'ESPACE DE LA FRANCOPHONIE

« La francophonie est un espace pour notre temps », disait Jacques Chirac aux journalistes francophones, un espace de solidarité. De fait, la langue française est pratiquée sur les cinq continents. Ce privilège qu'elle partage seulement avec l'anglais a créé entre les peuples francophones une solidarité effective, quels que soient les degrés auxquels la langue est parlée.

Dès 1887, Onésime Reclus distinguait les francophones pour qui le français est une langue maternelle, de ceux qui sont « francophones par destination », leur pays participant à la vie internationale par le media du français. Aujourd'hui, pour décrire l'espace de la francophonie, il convient de reprendre les catégories d'Onésime Reclus, compte tenu des changements intervenus. Deux critères guideront notre analyse, d'une part l'existence d'une communauté francophone qui, de fait ou de droit, a conservé l'usage de la langue française ; d'autre part, l'existence d'une pratique de culture française dans les pays n'étant pas de langue maternelle française.

### I. — Pays dont le français est langue maternelle

La France compte 58 millions d'habitants, avec ses prolongements américains (Martinique, Guadeloupe, Guyane, Saint-Pierre-et-Miquelon), de l'océan Indien

(Réunion, Mayotte) et de l'océan Pacifique (Nouvelle-Calédonie, Polynésie, Wallis et Futuna) ; elle est avec Monaco (27 000 habitants) le seul pays où le français est l'unique langue officielle.

Le français est également langue maternelle dans d'autres pays européens.

### 1. La Belgique.

A) *L'évolution.* — Au cours des siècles, la question des langues dans les provinces qui aujourd'hui constituent la Belgique a grandement évolué. C'est surtout depuis la dernière guerre que l'évolution a été la plus marquée.

En 1815, au Congrès de Vienne, les neuf départements dits « belges » furent séparés de la France et rattachés à la Hollande, à l'encontre d'un sentiment largement exprimé par la population. En 1830, quelques semaines après la « Révolution de Juillet » à Paris, les Bruxellois se soulevèrent contre le pouvoir hollandais, auquel était reproché notamment sa politique linguistique : ce furent les « Journées de septembre », révolution où les Bruxellois furent fortement soutenus par des volontaires venus des villes de Wallonie, et qui, grâce à l'appui d'une armée française, aboutit au départ des hollandais et à la naissance d'un nouvel Etat, la Belgique, reconnu par les grandes puissances de l'époque.

La Constitution belge de février 1831, de type libéral, proclamait notamment la liberté des langues. En fait, longtemps seul le français devait être la langue officielle.

B) *Situation actuelle.* — Depuis un quart de siècle, en effet, l'évolution s'est précipitée : non seulement parce que la législation sur l'emploi des langues est devenue plus stricte, mais surtout parce qu'au-delà de la question des langues, l'Etat belge unitaire de 1830 s'est transformé, à coups de révisions de la Constitution, en un Etat fédéral : d'un type fédéral très particulier en ce qu'il repose à la fois sur une conception de territorialité et sur une conception de personnalisme.

Au sommet, un Etat fédéral dont les compétences et les pouvoirs ont diminué d'une révision à l'autre, mais qui est cependant resté maître en ce qui concerne la législation linguistique applicable dans la région bruxelloise et dans les administrations et institutions relevant de la fédération.

Au niveau des entités fédérées, on trouve d'une part trois « communautés » : française (environ 4 200 000 habitants), flamande (5 700 000 habitants comprenant quelque 100 000 néerlandophones de Bruxelles) et germanophone (66 000 habitants), et d'autre part trois *Régions,* à savoir : la Wallonie (3 360 000 habitants, y compris les 66 000 germanophones), la Région de Bruxelles-Capitale (900 000 francophones et 100 000 néerlandophones), et la Flandre (environ 5 600 000 habitants incluant les quelque 120 000 francophones habitant la périphérie bruxelloise).

Compétences et pouvoirs des entités fédérées ont été progressivement élargies ; elles impliquent notamment la négociation et la conclusion de traités internationaux pour toutes les matières qui leur sont attribuées.

En ce qui concerne plus particulièrement les « Communautés », on relèvera que leur domaine couvre essentiellement tout ce qui concerne la langue (en vertu de cette compétence, entre autres initiatives, la communauté française Wallonie-Bruxelles a créé un *Conseil supérieur de la Langue française.* D'autre part, cette communauté française s'est dotée d'un organe chargé des relations extérieures, et spécialement de la Francophonie dans le monde : le Commissariat général aux Relations internationales), la culture, l'enseignement, la formation, la recherche scientifique et les questions sociales « personnalisables ».

Quant aux structures de l'Etat fédéral, on notera :

— que chacune des deux Chambres du Parlement repose sur deux groupes linguistiques (français et

néerlandais) et que le vote de certaines lois implique une majorité dans chaque groupe ;
— qu'aucune des deux Chambres législatives n'est paritaire ;
— que le gouvernement fédéral doit comporter autant de ministres francophones que de ministres néerlandophones, le premier ministre n'étant pas compté, non plus que les secrétaires d'Etat : ce qui rompt la parité au détriment des francophones.

Pour ce qui est de la région bruxelloise, amputée de sa périphérie et baptisée « Région de Bruxelles-Capitale », elle ne s'est pas vu reconnaître les mêmes pouvoirs que les deux autres régions, et des institutions particulières lui ont été imposées : l'Exécutif est composé paritairement, le président excepté, et le Conseil repose sur deux groupes linguistiques.

Ce régime institutionnel de l'Etat proclamé « fédéral » en 1993 est-il définitif ? Aujourd'hui, peu d'observateurs osent encore l'affirmer. Le rythme des révisions constitutionnelles n'a cessé de se précipiter : 1970, 1980, 1988, 1993... C'est surtout dans le nord du pays que s'est développé un mouvement favorable au séparatisme, qui s'est fixé comme objectif l'indépendance totale de la Flandre pour l'an 2002, avec si possible l'annexion et la colonisation de Bruxelles.

Ainsi, Bruxelles est devenue, sur le plan de l'usage des langues, un enjeu de première grandeur, et à un double titre depuis qu'elle est le siège d'institutions européennes et internationales nombreuses : elle est l'objet de revendications flamandes de plus en plus pressantes, elle est aussi un terrain de choix pour l'expansion de l'anglo-américain.


2. **Le Luxembourg.** — Dès 1136, Henri IV l'aveugle instituait un enseignement bilingue français-allemand. En 1236, la Charte de Thionville qui affranchissait le Luxembourg était rédigé en français et non en latin, inaugurant ainsi un nouvel usage administratif.

Attribué aux Pays-Bas en 1815 comme la Belgique, le Grand-Duché adhéra en 1842 au *Zollverein*. En 1890, son indépendance devint réelle par la rupture avec la Hollande. En 1919, l'Union douanière fut faite avec la Belgique et non plus avec l'Allemagne.

Le français est la langue officielle (avec l'allemand et le dialecte luxembourgeois), la langue des débats parlementaires, la langue judiciaire, administrative, et de négociation dans le cadre du Benelux. C'est en français que les Luxembourgeois achèvent leurs études secondaires. On peut estimer à 400 000 le nombre des habitants du Grand-Duché.

3. **La Suisse romande.** — La culture suisse porte l'empreinte de la Réforme et du protestantisme. Nombre de prédicateurs étaient d'origine française et vinrent se réfugier en Suisse (Théodore de Bèze, par exemple).

Après la révocation de l'édit de Nantes, la Suisse devint une terre d'asile pour les fugitifs français.

L'unification de la Suisse fut réalisée en 1815. La frontière linguistique n'a que peu bougé depuis 1847. A la différence de la Belgique, la langue française n'y a jamais été en position de concurrence, mais bien plus en situation de complémentarité avec les autres langues utilisées dans la Confédération.

La Constitution de 1848, révisée en 1874 et 1978, distingue 23 cantons ayant une souveraineté interne propre :

— le français est la seule langue officielle dans quatre cantons : ceux de Genève, Vaud et Neufchâtel, et Jura ;

— trois cantons sont bilingues (allemands-français) : ceux de Fribourg, du Valais et de Berne.

Plus de 1,2 million de Suisses sont francophones, soit 18 % de la population totale (6,7 millions en 1989).

Un problème a été posé par le Jura romand : il fut rattaché par le Congrès de Vienne en 1814 à la Suisse et au canton de Berne de langue allemande et de confession protestante.
Or les habitants (140 000) du Jura romand sont en majorité catholique et francophones. En 1948, fut donc créé le Rassem-

blement jurassien dirigé par Roland Béguelin qui a revendiqué le droit à l'autonomie et au détachement du canton de Berne (vingt-troisième canton de la Confédération helvétique). Le Rassemblement a obtenu que le Jura ait sa Constitution par le plébiscite du 20 mars 1977 ratifié par les chambres fédérales. La fondation du nouveau canton exigeait encore le consentement du peuple et des Etats de la Suisse entière ; il fut accordé à une grande majorité.

4. **Le val d'Aoste.** — Le val d'Aoste forme l'angle nord-ouest de l'Italie entre le Valais et la Savoie. D'une surface de 3 263 km$^2$, il représente l'arrondissement transalpin de la région savoyarde. L'ouverture du tunnel du Mont-Blanc l'a rapproché de la France.

La destinée de val d'Aoste a toujours été liée à celle de la Maison de Savoie. Dès 1561, le français y était reconnu comme langue officielle. La formation de l'unité italienne et le rattachement de la Savoie à la France en 1860 ont isolé le val d'Aoste dans un ensemble de langue italienne. Cependant, il fallut le fascisme pour qu'une véritable politique d'italianisation à outrance soit adoptée. Il fut en particulier interdit d'enseigner le français à l'école et les noms de lieux français furent traduits en italien. La résistance au fascisme se manifesta par la naissance de mouvements autonomistes.

A la Libération, le Parlement italien adopta la loi constitutionnelle n° 4 du 26 février 1948 qui disposait que « la vallée d'Aoste est constituée en région autonome ». La langue française et la langue italienne sont à parité et les actes publics peuvent être rédigés dans l'une ou l'autre langue.

La matière scolaire est de compétence régionale, et la langue française est enseignée dans les écoles primaires et secondaires. 90 % des Valdotains vont cependant à l'Université de Turin.

Il semble, du fait d'une immigration d'Italie du Sud, que le français recule légèrement au profit de l'italien. Actuellement, 43 % de la population serait francophone, groupant environ 114 000 habitants.

Notons enfin que, dans les vallées vaudoises situées dans le Piémont près de la frontière française, le français ne jouit d'aucun statut de protection et n'est enseigné qu'à l'initiative de quelques municipalités dans les écoles primaires.

5. **Jersey.** — Les îles anglo-normandes, ultime vestige du duché de Normandie, dépendent depuis 1066 de la couronne britannique, et sont organisées en deux bailliages qui jouissent de l'autonomie interne.

La population était en majorité francophone jusqu'en 1871. Mais en 1948 le français a perdu son statut de langue officielle.

Le français cependant reste la langue des Etats, ce qui légitime vis-à-vis de Londres le particularisme insulaire. En fait, si certains titres de documents officiels sont libellés en français, l'ensemble du contenu est rédigé en anglais.

Ces régions représentent le berceau à partir duquel le français s'est répandu sur les cinq continents. Ailleurs, le français n'est pas une langue d'origine mais de diffusion ou d'adoption.

## II. — L'aire de dispersion

L'époque des grandes découvertes fut une étape importante pour la francophonie, car les navigateurs français et les colons furent à l'origine de la diffusion de la langue et de la culture françaises.

Cet apport fut dans certains cas si durable qu'aujourd'hui encore la langue française est pratiquée au-delà de la colonisation, parce que les communautés françaises d'origine y sont toujours présentes.

1. **Le Canada** a été découvert par des navigateurs français puis, dans les terres jusqu'aux Rocheuses et à

la mer Caraïbe, par des missionnaires et des coureurs des bois français.

Les descendants des 60 000 habitants d'ascendance française qui le peuplaient en 1763 sont aujourd'hui plus de 6 millions.

Le Canada est une fédération depuis les lois britanniques du 1er juillet 1867 (« constitution rapatriée » au Canada en 1982), l'Acte de l'Amérique du Nord britannique, qui constitue la plus grande partie de la Constitution écrite. Il devient un pays indépendant en 1931, et compte maintenant dix provinces.

Trois de ces provinces groupent la quasi-totalité de la population francophone qui représente près de 25 % de la population totale du pays : le Québec, plus de 5 millions ; le Nouveau-Brunswick, 250 000 ; l'Ontario, 500 000. La province du Manitoba compte à Saint-Boniface une minorité active de langue française.

2. **Le Québec.** — C'est la zone francophone d'Amérique par excellence. La seconde communauté de langue française au monde.

La première présence française au Québec remonte à Jacques Cartier en 1534, mais l'essai de colonisation n'eut pas de suite. Le premier établissement durable fut la fondation de Québec le 3 juillet 1608 par Samuel de Champlain, suivie par La Violette à Trois-Rivières en 1634.

La colonie avait l'aspect d'un mince ruban de paroisse allant de Tadoussac à Montréal sur les rives du Saint-Laurent. En 1763, par le traité de Paris, la province de Québec fut transférée à la Grande-Bretagne.

Après des régimes divers, elle fut intégrée dans la Confédération canadienne constituée par les Actes de l'Amérique du Nord britannique de 1867 qui créaient la Confédération canadienne et les provinces. L'annexion du Nouveau-Québec en 1911 en fit la province la plus étendue du Canada.

85 % des francophones résidant au Canada vivent dans la province de Québec ; elle se compose de 82 % de francophones.

Les Actes de l'Amérique du Nord britannique de 1867 instituent le bilinguisme au Québec. L'anglais demeurait seule langue officielle dans le reste du Canada. A la suite de la conquête britannique, étant devenu la langue des milieux de décision économique, l'anglais s'imposa au Québec — en particulier dans le domaine des affaires.

Cette situation fut ressentie comme une injustice par nombre de Québécois qui se voyaient privés du droit d'utiliser leur langue dans un monde dominé par les anglophones.

Cependant s'ouvrit une nouvelle période d'affirmation francophone. Dès 1948 le Québec adopta le drapeau fleurdelisé. Puis, à l'avènement des années 1960, le mouvement s'accéléra. Les ententes signées en 1965 avec la France marquent le début d'une coopération directe développée après le voyage historique du général de Gaulle en juillet 1967.

Par ailleurs, le Québec participe aux sommets francophones, siège à l'Agence de Coopération culturelle et technique (ACCT), à l'Assemblée internationale des Parlementaires de Langue française (AIPLF) et dans de nombreux organismes de la francophonie.

Le Québec peut ainsi cesser de penser en termes de « survivance » locale pour participer pleinement à la francophonie internationale.


3. **L'Acadie.** — L'Acadie constituait la partie orientale de la Nouvelle-France. Les premiers peuplements français datent de 1603 en Nouvelle-Ecosse, avec la fondation de Port-Royal par Pierre de Guast, et de 1630 au Nouveau-Brunswick avec la construction du fort de Jemsek par Charles de Latour.

Le traité de Breda de 1667 établit clairement les droits de la France sur l'Acadie. Cependant, par le traité d'Utrecht du 11 avril 1713, ces territoires furent cédés à l'Angleterre, en dépit du fort peuplement français déjà existant.

De 1755 à 1763 eut lieu le « grand dérangement », c'est-à-dire la déportation sur tout le littoral américain jusqu'en Louisiane (encore française) de 15 000 Acadiens, dont 7 000 périrent. Cet événement fut célébré dans le poème de Longfellow, *Evangéline.* Mais, dès 1766, bon nombre de ces exilés revinrent.

Rien dans l'Acte de l'Amérique du Nord britannique de 1867 n'assurait une garantie des droits linguistiques des Acadiens.

Des trois provinces de l'Acadie, le Nouveau-Brunswick est désormais celle qui a la population francophone la plus importante (un seul des trois comtés de l'île du Prince-Edouard a une population française notable, tandis que seuls 5 comtés sur 18 ont une population d'origine française de plus de 20 % en Nouvelle-Ecosse).

Plus de 40 % de la population du Nouveau-Brunswick est d'origine française. Celle-ci est surtout regroupée sur la côte Est de la province. Depuis 1961, l'Université de Moncton dispose d'un statut officiel d'université de langue française et reçoit des subventions du gouvernement.

L'usage de la langue française a reçu un fondement légal. En 1967, un règlement adopté en vertu de la loi sur les écoles reconnaissait le français comme langue d'enseignement dans les écoles du Nouveau-Brunswick. Le 18 avril 1969, l'Assemblée législative de la province adoptait la loi sur les langues officielles du Nouveau-Brunswick ; elles jouissent des mêmes statuts, droits et privilèges. D'autres articles prévoient l'utilisation des deux langues dans les débats de l'Assemblée législative. La Cour suprême du Canada a confirmé cette égalité des deux langues officielles.

Ainsi, les descendants des Acadiens ont assuré la survivance de la langue française et fait reconnaître son usage en dépit des vicissitudes historiques qui avaient tendu à son élimination. C'est l'un des cas les plus remarquables d' « entêtement linguistique » des

francophones. Et aussi l'un des cas les plus spectacu-
laires de prolificité d'une souche de race blanche :
plusieurs millions d'hommes reconnaissables à leurs
noms, au Canada et aux Etats-Unis, descendent des
quelques centaines de familles acadiennes d'origine.

4. **La Louisiane.** — Robert de La Salle, en descen-
dant le Mississippi en 1682, revendique au nom du roi
de France le vaste territoire découvert auquel il donna
le nom de Louisiane, en l'honneur de Louis XIV.
En 1699, Pierre Le Moyne d'Iberville fonde Bâton
Rouge et son frère Jean-Baptiste Le Moyne de Bien-
ville fonde La Nouvelle-Orléans en 1716.

Colonie de la Couronne de France (1731), la partie
à l'ouest du Mississippi fut cédée aux Espagnols par
le traité de Fontainebleau en 1762, et en 1763 la
partie est fut cédée à l'Angleterre. En 1800, l'Espagne
rétrocédait ces territoires et en 1803 Napoléon les
vendit pour 80 millions de francs-or aux Etats-Unis.

L'implantation de la population française eut lieu
en trois étapes :

— les Créoles se sont installés à La Nouvelle-Orléans
   vers 1730 ;
— les Acadiens (appelés « Cajuns » par déforma-
   tion), obligés de quitter leur territoire lors du
   « grand dérangement » à partir de 1755 ;
— les Mulâtres, descendants d'esclaves de Saint-
   Domingue et d'Haïti fuyant la révolution de
   Toussaint Louverture en 1809.

La Constitution de la Louisiane de 1868 instituait
le français comme seconde langue officielle, disposition non reprise dans la Constitution de 1921 actuellement en vigueur.

La population réellement francophone ne représentait plus en 1980 qu'environ 7 % de la population de
l'Etat de Louisiane, c'est-à-dire près de 300 000 per-

sonnes (selon le recensement américain de 1980), alors qu'elle s'élevait encore dix ans auparavant à 16 % de la population louisianaise (recensement de 1970).

La politique actuelle tend à redonner au français son statut de seconde langue officielle de l'Etat.

Les principaux textes adoptés en juillet 1968 furent :

— l'Acte n° 409 créant le Codofil (Conseil pour le Développement du français en Louisiane), présidé en premier lieu par Jimmy Dommangeau, organisme d'Etat pouvant prendre toutes mesures nécessaires pour le développement du français en Louisiane ;
— l'Acte n° 407 prévoyant que la langue et la culture françaises seront enseignées dans les écoles élémentaires et secondaires ;
— l'Acte n° 256 redonnant la faculté de publier les documents officiels en français en plus de l'anglais.

A partir des chiffres on constate que la francophonie louisianaise est plutôt âgée. Près de la moitié des francophones ont plus de 45 ans. Elle est partagée par les Blancs et les Noirs.

Deux faits marquants apparaissent aussi :
— Premièrement, la francophonie est plutôt rurale. Les paroisses les moins urbanisées (Evangeline, Saint-Martin, Vermilion et Acadie) ont les plus fortes proportions de francophones. C'est le contraire pour les paroisses les plus peuplées telles que Lafayette, Iberia et Saint-Mary.
— Deuxièmement, la francophonie louisianaise est familiale. Plus de la moitié des échanges en français se déroule avec des parents à la maison et hors du foyer familial, avec ses amis et relations, mais peu au travail (8,7 %).

L'aide de la France est importante dans la réalisation du programme du Codofil, en particulier par l'envoi de coopérants. D'autres pays francophones y participent également.

5. **Haïti.** — La république d'Haïti ne couvre que le tiers de l'île d'Hispaniola. Sur 29 000 km$^2$ elle groupe plus de 6 millions d'habitants.

Découverte par Christophe Colomb le 6 décembre 1492, l'île eut d'abord un destin espagnol. En 1697, le traité de Ryswick attribue la partie occidentale de l'île à la France.

L'administration de Louis XIV y crée une colonie puissante. La Révolution française marque le début d'une période troublée ; en 1790, l'Assemblée provinciale dote l'île d'une Constitution autonome. La révolte des esclaves de 1791 et celle plus tardive menée par Toussaint Louverture, l'échec des corps expéditionnaires de Napoléon, aboutissent à une proclamation d'indépendance le 1er janvier 1804 par Dessalines — qui le fit couronner empereur.

Le français, unique langue officielle du pays à l'origine, a été rejoint en 1987 par le créole en vertu de la nouvelle Constitution haïtienne.

6. **Plusieurs pays des Caraïbes,** membres du Commonwealth, sont « créolophones ».

Cette mesure reconnaît la réalité de la situation linguistique du pays où 80 % de la population s'exprime en créole. Malgré ce regain de faveur accordé au créole, dans les médias audio-visuels notamment, le français demeure la langue de l'enseignement, de l'administration, de l'écrit et de la promotion sociale.

Depuis quelques années on assiste à une pénétration de l'anglais sous la pression du mode de vie américain véhiculé par la télévision américaine et les relations avec la diaspora haïtienne, nombreuse aux Etats-Unis.

7. **Les Franco-Américains.** Ce vocable désigne les francophones habitant aux Etats-Unis, principalement en Nouvelle-Angleterre (Maine, Vermont, New-Hampshire, Connecticut, Rhode Island et Massachusetts). 2 millions de personnes de langue maternelle française, descendants d'immigrés du Québec ou d'Acadie, y sont toujours présentes mais dont la moitié seulement utilise toujours le français comme langue principale ou langue seconde.

## III. — L'aire d'expansion

Au-delà de la France, la langue française fut répandue par la colonisation. Les anciennes colonies devenues indépendantes conservent le français comme langue officielle ou d'usage. Ainsi se trouvent consacrés, par le biais de la langue, les liens de solidarité effective entre ces pays. Une étude des zones géographiques principales permet de dénombrer les Etats francophones.

1. **Le Maghreb.** — L'Afrique du Nord aurait pu devenir la zone privilégiée du bilinguisme du fait des liens historiques entre l'Afrique du Nord et la France. En effet, près de deux millions d'Européens s'étaient installés dans cette région. Mais les relations ont été inégales suivant les pays tant dans leur style que dans leur durée. La présence française dura cent trente-deux ans en Algérie, soixante-quinze en Tunisie, quarante-six au Maroc. Le régime prit des formes diverses puisque l'Algérie faisait partie intégrante du territoire national ; la Tunisie et le Maroc étaient des protectorats.

La décolonisation s'est accompagnée d'un retour à l'arabisme qui pourtant n'a jamais vraiment compromis l'usage du français, même si celui-ci a perdu son statut de langue officielle. Il faut d'ailleurs souligner que l'opinion populaire de ces pays, opposée parfois à celle des intellectuels ou des hommes politiques, est favorable à l'enseignement du français, langue de promotion et d'ouverture au monde. C'est ainsi le cas de l'Algérie.

2. **L'Afrique noire.** — Il est impossible de retracer en quelques lignes l'histoire de la présence française en Afrique noire. Cependant, deux aspects sont fondamentaux :

— D'abord la durée de cette présence et sa permanence. Dès le XVII<sup>e</sup> siècle apparaît la présence française en Afrique avec la fondation de Saint-Louis (dans le futur Sénégal) en 1659. Deux siècles plus tard, l'expansion prend sa véritable ampleur. En 1859, Libreville au Gabon fut fondée par des esclaves libérés. La pénétration française au cœur du continent ne s'achève que vers 1900.

— Ensuite, l'ancienneté de l'action entreprise pour développer la langue et la culture française. Dès 1817, Jean Dard fonda une école à Saint-Louis du Sénégal.

La colonisation belge a également amené trois pays (Zaïre, Rwanda, Burundi) à la francophonie.

La colonisation portugaise, du fait d'un usage préférentiel du français dans la métropole, a répandu la connaissance de notre langue dans les cinq pays africains de la « lusophonie », Angola, Mozambique, Guinée-Bissau, Cap-Vert, São Tomé et Principe.

La langue française est pour beaucoup de ces pays un élément essentiel de leur identité à l'égard de leurs voisins souvent géographiquement ou ethniquement semblables. « Notre frontière c'est la langue française », disait ainsi le ministre de l'Education de Djibouti, Djema Elabé.

Il est difficile de recenser en Afrique le nombre exact de francophones, aussi parlera-t-on davantage de locuteurs potentiels (qui correspondent à ceux qu'Onésime Reclus appelait des « Français par destination ») qui utiliseront le français au fur et à mesure de leur développement culturel.

Le tableau descriptif de l'Afrique noire francophone montre que le français continue d'exercer un rôle officiel important et que ces pays participent activement aux grandes organisations francophones internationales.

La majeure partie des Etats membres de l'Organisation de l'Unité africaine (OUA) s'exprime en français, langue officielle de l'organisation au même titre que l'anglais ou l'arabe.

### 3. Les îles de l'océan Indien.

A) *L'archipel des Comores.* — En 1843, un ex-roi Sakalave cède les îles à la France. Aussi les îles de la Grande-Comore, Anjouan et Moheli, passèrent-elles sous protectorat français de 1886 à 1909.

En 1958, les Comores optent pour la Constitution française et deviennent un territoire d'outre-mer. Après le référendum du 6 juillet 1975, les Comores se décident pour l'indépendance. L'île de Mayotte tint cependant à rester attachée à la France. Peuplées de 450 000 habitants, les Comores ont pour langue officielle l'arabe.

B) *L'île Maurice.* — En 1715, la France prend possession par Mahé de La Bourdonnais de cette île qu'elle baptise l' « île de France ». En 1815, le traité de Paris adjuge à la Grande-Bretagne cette île devenue l'île Maurice.

L'île garde une partie des institutions françaises, en particulier le Code Napoléon et la langue qui n'est plus langue officielle depuis 1847 : le français est en usage à l'Assemblée législative, dans les tribunaux et constitue la langue étrangère obligatoire de l'enseignement.

La langue officielle, l'anglais, n'est pas majoritairement parlée par la population (un peu plus d'un million d'habitants) qui utilise le français, le créole et les langues du sous-continent indien.

C) *Les Seychelles.* — Mahé de La Bourdonnais occupe l'archipel en 1742. La flotte anglaise s'en saisit en 1794, puis en 1804.

Devenue indépendante le 29 juin 1976, la république des Seychelles regroupe 92 îles. Les langues officielles sont le français et l'anglais tandis que la langue nationale est le créole. La population s'élève à 70 000 habitants.

4. **L'Asie.** — L'influence du français est présente aux deux extrémités du continent asiatique, au Proche- et en Extrême-Orient.

A) *Le Proche-Orient.* — 1) *Le Liban.* — L'alliance entre François I$^{er}$ et Soliman le Magnifique reconnaissait la France comme la protectrice des chrétiens d'Orient. Aussi, lorsqu'en 1860 les chrétiens maronites furent victimes de massacres, ils purent obtenir leur autonomie grâce à l'intervention française. Dès le milieu du XIX$^e$ siècle les congrégations enseignantes d'origine française se multiplièrent (la fondation du collège jésuite d'Antoura date de 1834, et l'Université Saint-Joseph fut créée en 1881).

Lors de l'indépendance du nouvel Etat libanais en 1920, le Liban fut placé sous mandat français jusqu'à la deuxième guerre mondiale.

L'Université libanaise fondée en 1953 utilise également l'arabe, l'anglais et le français mais, en fait, avec une prédominance de notre langue.

L'attachement des Libanais au français est tout aussi effectif ; ainsi, en la personne de M. Charles Hélou (ancien Président de la République libanaise), le Liban est présent au sein du Haut Conseil de la Francophonie.

Le cas du Liban montre bien que le français, même s'il n'est pas langue officielle, peut jouer dans un pays un rôle important.

2) *La Syrie.* — Dans cet ancien mandat français, l'anglais s'est étendu aux dépens du français, d'autant plus que les écoles franco-arabes furent nationalisées en 1968. Une présence francophone active est aujourd'hui assurée par le Centre culturel français de Damas. La Syrie est peu présente au sein des institutions internationales de la francophonie.

B) *L'Extrême-Orient.* — 1) *Les anciens comptoirs des Indes : Pondichéry, Mahé, Chandernagor, Karikal et Yanaon.* — Le français est conservé comme langue officielle.

Il est enseigné dans les écoles primaires, dans les collèges de Pondichéry et de Karikal, ainsi qu'à l'Institut français de Pondichéry, ville dont Nehru disait qu'elle était une « fenêtre ouverte à l'Inde sur la France ».

2) *L'ex-Indochine française.* — Depuis la décolonisation la francophonie reçoit un hommage en quelque sorte posthume puisque beaucoup de réfugiés se sont installés en France, ce qui témoigne des liens et des devoirs que crée l'usage d'une même langue. Du fait de leur connaissance de la langue, une priorité d'immigration leur a été officiellement reconnue.

Vietnam, Cambodge, Laos continuent, sous des formes diverses, à affirmer leur tradition francophone.

5. **Le Pacifique.** — Le Vanuatu (ancien condominium franco-britannique des Nouvelles-Hébrides) a conservé le français comme l'une de ses langues officielles.

6. **L'Amérique.** — Les îles créolophones (Dominique, Saint-Vincent, Saint-Christophe, Sainte-Lucie) entretiennent par leur langue une relation vivante avec le français.

### IV. — L'aire de diffusion

Pourraient être regroupés sous cette dénomination les pays ou les personnes ayant adopté le français comme « langue de culture » en dehors de toute nécessité géographique ou historique.

Dans certains de ces pays la situation évolue rapidement, mais parfois dans le sens de la reprise.

Ainsi, en Roumanie après la seconde guerre mondiale, le russe fut l'objet d'une promotion rapide imposée. Le français depuis a partiellement repris la place privilégiée qu'il avait traditionnellement occupée. D'autre part, on assiste à une spectaculaire progression du français depuis quelques années dans certains pays, en Bulgarie et en Albanie par exemple.

Deux indications permettent de préciser l'aire de diffusion.

A) *Les professeurs et élèves de français à l'étranger.* — Plus de 30 000 professeurs de français enseignent à l'étranger, dans des établissements français publics ou étrangers. Le nombre total d'enseignants de français dans le monde est d'environ 250 000.

Parmi les élèves de l'enseignement secondaire dans le monde, il y en a à peu près 35 millions qui étudient soit le français, soit en français.

Le réseau des Instituts et Centres culturels regroupe 133 établissements qui accueillaient en 1993, 142 600 apprenants de français.

B) *L'Alliance française, organisation privée très dynamique.* — Elle a su reconquérir sa place après la dernière guerre et connaît un important développement.

En 1993, dans les 1 300 comités de l'Alliance française, on comptait 318 000 apprenants de français, dont 80 % ont moins de 25 ans.

L'Amérique du Sud vient en tête (plus de 150 000 étudiants), suivie de l'Europe (50 000), l'Asie et l'Océanie (62 000), l'Afrique (45 000), l'Amérique du Nord (27 000), les Antilles (7 500).

De nombreux comités de l'Alliance ont été fondés l'an dernier dans les pays d'Europe centrale et orientale ; plusieurs comités en Chine, Cambodge et Vietnam.

L'analyse de cet espace dans ses différences et parfois même ses difficultés montre que la langue française passe à travers l'ensemble des clivages politiques, géographiques, raciaux, ethniques et intellectuels.

**Dénombrement des francophones.** — Il est malaisé à effectuer. Les variations tiennent aux difficultés d'une enquête fondée sur une répartition entre les « sujets parlants » pour qui le français est d'usage unique et quotidien et ceux pour qui il est langue seconde, langue apprise ou simple langue de culture. On doit également inclure les locuteurs potentiels dans les pays où le français est langue véhiculaire ou d'expression internationale.

Il est impossible de chiffrer les hommes qui dans les pays non francophones parlent ou lisent en français, leur nombre se compte par millions auquel il faut ajouter les Français vivant à l'étranger.

En 1989, l'on estimait à 250 millions le nombre de francophones par destination selon la définition d'Onésime Reclus et à 120 millions le nombre de locuteurs (soit 2,5 % de la population mondiale) sur les 330 millions de personnes peuplant les 47 pays composant la francophonie. Le français n'a en proportion ni gagné ni perdu depuis cent ans.

Chapitre III

## LA PRISE DE CONSCIENCE
## DE LA FRANCOPHONIE

La francophonie est une idée neuve même si la diffusion de la culture et de la langue françaises est une donnée ancienne.

### I. — **La francophonie dans l'histoire**

1. **L'ancienne suprématie du français.** — A) *L'émergence du français.* — Après les dominations grecques et romaines, où le grec et le latin se partagent le monde méditerranéen, le latin accède au rang de langue dominante au Moyen Age. Son prestige est double car le latin est l'héritier de l'ancien Empire romain et le porteur du message chrétien.

Cependant le français conquiert dès cette époque une « demi-universalité » (comme la nomme Ferdinant Brunot) qui s'explique par l'essor de la France, qu'il soit littéraire, universitaire, artistique, politique et économique. Cette pénétration est manifeste en Allemagne, en Angleterre (où le français est la langue officielle) et en Italie.

La situation du français équivaut à celle de l'anglais au XX$^e$ siècle.

Cependant l'italien et l'espagnol se développent, tandis que le latin n'est encore que partiellement remplacé par le français.

**B)** *Le XVIII<sup>e</sup> siècle et « l'Europe française ».* — Cette expression empruntée au diplomate et écrivain italien Caraccioli rend compte de l'extraordinaire expansion française au XVIII<sup>e</sup> siècle, non seulement dans les pays déjà mentionnés, mais également dans les pays nordiques et en Europe orientale.

Rappelons brièvement Frédéric II et Catherine de Russie, « despotes éclairés », francophones et admirateurs de Voltaire et Diderot. Le français cependant ne concerne alors qu'une minorité détentrice du pouvoir politique ou intellectuel, à la différence de la francophonie du XX<sup>e</sup> siècle.

**C)** *Le XIX<sup>e</sup> et le début du XX<sup>e</sup> siècle : apogée et premiers signes de remise en cause.* — Le maintien du français à l'étranger est assuré par les pays limitrophes ou par les aristocrates préférant le français à leur langue maternelle, comme en Russie, par exemple.

Le cas de la Roumanie est particulièrement intéressant. L'expansion du français dans les provinces danubiennes de Moldavie et de Valachie est considérable au XVIII<sup>e</sup> siècle. Ceci tient à deux causes : linguistique, car le roumain est une langue romane (donc proche du français), et historique. La Moldavie et la Valachie sous domination turque sont fréquemment gouvernées par des Grecs par qui pénétrèrent la culture et la langue françaises. La volonté des princes, la supériorité des femmes de la haute société pour qui, selon Ferdinand Brunot, « savoir le français et le clavecin (...) était indispensable », la diffusion des livres français, les contacts avec les Russes francisés, la fréquentation des écoles grecques concourent à implanter le français dans la future Roumanie, que la France aide à se constituer comme État uni et indépendant.

Le second axe d'expansion de la langue française est lié au développement du fait colonial. L'universalité française du XVIII<sup>e</sup> siècle était strictement européenne. Désormais la France est la métropole d'un vaste empire colonial dans lequel elle envoie de nombreux enseignants et où elle crée des collèges et des lycées français.

Cependant les premiers signes de remises en cause apparaissent. Le domaine du français commence à être entamé par l'anglais qui progresse dans le monde diplomatique et financier. Le traité de Versailles est ainsi rédigé en français et en anglais.

**2. Le repli : condition de l'éveil d'une conscience francophone.** — Avant la seconde guerre mondiale, l'idée de francophonie conçue comme un dialogue et un partage n'existe pas. La France semble rayonner naturellement sur des pays qui ne sont que ses simples prolongements culturels.

Après 1945, la situation de la France dans le monde subit un changement profond. Momentanément vaincue, alliée des vainqueurs, la France est mise au rang des puissances secondaires, sa langue subit une défaveur.

Son effort de reconstruction lui permettra de reprendre sa place parmi les nations responsables : à partir de 1958, la France recueillera les fruits d'une politique de présence au monde dans tous les domaines.

Mais les aires d'expansion du français ont évolué : en Europe d'abord, la fermeture des pays de l'Est, l'effet des lois flamingantes de 1927, le mouvement démographique alémanique en Suisse tendent à réduire les zones francophones. Les zones de recours les plus importantes, mais également les plus riches d'espoir pour la francophonie, sont les anciennes colonies.

Deux réactions parallèles se font jour. Face à la montée des Etats-Unis et de la langue anglaise apparaît la nécessité d'une activité organisée. La France prend conscience du rôle que peuvent jouer les pays francophones dans la « défense et illustration » de la langue française (certains ont par exemple pris le relais de la France dans le domaine de l'édition pendant la seconde guerre mondiale). Corollairement, les pays francophones désirent jouer un rôle à part entière et veulent quitter leur statut de mineur culturel.

Les fondements du dialogue sont désormais mis en place, et l'impulsion semble venir plus de l'étranger francophone que de l'ex-métropole, ce qui atteste de la vitalité du mouvement et surtout préserve la France de toute accusation de néo-colonisation ou de recolonisation par un biais culturel ou linguistique. Le secrétaire d'Etat Charbonnel fait d'ailleurs allusion en 1966 aux « raisons évidentes » qui obligent à une « nécessaire réserve ».

## II. — Histoire de la francophonie

1. **La préhistoire.** — Cette analyse est évidemment rétrospective puisque les réalisations décrites ne peuvent se comprendre en termes de francophonie qu'en fonction d'un lendemain que nous connaissons aujourd'hui. Aux premiers signes d'attaque et de repli correspondaient déjà des parades, qui étaient des expressions diffuses de la francophonie.

A) *Naissance avec le siècle et prise de conscience des intellectuels.* — En 1899, l'Association des Pédiatres de Langue française est fondée à Paris.

De 1890 à 1904, Onésime Reclus examine la situation du monde francophone dans ses différents ouvrages.

En 1912, Albert Dauzat publie *Défense de la langue française* qui réfléchit sur la corruption interne de la langue.

B) *Les initiatives internationales.* — En 1906, est créée la Fédération internationale pour la Culture et l'Expansion de la Langue française. Trois congrès sont tenus, à Liège en 1906, à Arlon en 1908 sur le thème *Pro Gallia* et à Gand en 1913.

En 1937, est créée à Paris l'Association internationale des Ecrivains de Langue française sous l'égide de P.-Y. Sébillot et Maurice Wilmotte. Deux congrès eurent lieu en 1937 et en 1939, où G. Duhamel voyait des « Etats généraux de la langue française dans la littérature mondiale ».

Ces initiatives sont cependant rendues hasardeuses par l'approche des guerres, l'inertie des gouvernements et le caractère ponctuel des entreprises.

## 2. Les fondations sont jetées : 1945-1962.

— Après 1945, la francophonie devient l'affaire de tous. La vie associative connaît un grand développement. Citons l'Association internationale pour la Culture française à l'étranger (fondée en 1960) qui publie à partir de mars 1962 la revue *Culture française,* premier organe d'expression francophone, l'Association internationale des Journalistes de Langue française (fondée en 1952), en 1954, l'Union culturelle française fondée sur l'initiative de Canadiens français dont J.-M. Léger, et l'Association internationale des Sociologues de Langue française créée en 1958.

Deux événements majeurs marquent cette période, la fondation de l'AUPELF (« Association des Universités partiellement ou entièrement de Langue française ») et un numéro spécial de la revue *Esprit.*

— L'AUPELF : le projet d'une communauté des universités de langue française naît à Montréal en 1961. Il témoigne de l'élargissement de la francophonie aux disciplines universitaires non littéraires, de son ouverture aux problèmes matériels et de la prise de conscience de la francophonie au Canada.

— La revue *Esprit* : un numéro spécial paraît en 1962, qui consacre l'entrée de l'Afrique dans la francophonie par la voix de Léopold Sédar Senghor, héros et hérault de la francophonie, poète et homme d'Etat.

Notons cette date de 1962, désormais importante, car la francophonie n'apparaît plus comme une simple prise de conscience linguistique.

Au contraire, l'idée est diffusée par ces différents amplificateurs que sont les nouveaux gouvernements indépendants en Afrique — heureux d'établir entre eux et avec la France des liaisons volontaires et de type nouveau —, les Bruxellois et Wallons inquiets de la montée du flamand, les Jurassiens accrochés avec passion à leur identité, la jeune génération québécoise en Amérique, le haut personnel politique en France encouragé par le général de Gaulle, chef de l'Etat, et ses successeurs — et nombre d'écrivains et de journalistes.

### III. — La francophonie en actes

A ce stade, une chronologie des divers types d'actions francophones est nécessaire.

**1. L'époque des propositions (1965-1967).** — Cette période est celle du ralliement des gouvernements amorcée par la création des conférences internationales ministérielles, avec en 1960 la I$^{re}$ Conférence des ministres de l'Education de France et des Etats africains et malgache, suivie de celle des ministres de la Jeunesse et des Sports. D'autres réalisations d'ordre administratif suivent, comme la création en France d'un Haut Comité pour la Défense et l'Expansion de la Langue française (1$^{er}$ décembre 1965). Le mouvement francophone acquiert une dimension particulière lors de la I$^{re}$ Biennale de Namur (10-15 septembre 1967) organisée par le P$^r$ Guillermou.

— Deux zones géographiques hors d'Europe sont fertiles en initiatives francophones, le Québec et l'Afrique.

M. Gérin Lajoie, ministre de l'Education du Québec, est le premier membre d'un gouvernement à faire allusion, à Montpellier, à une communauté francophone « qui ne doit pas englober seulement la France et le Québec, mais tous les pays de langue française ».

Depuis 1960, le Québec tend d'ailleurs à s'affirmer comme une « nation francophone », les élections provinciales donnent la victoire à M. Daniel Johnson après M. Lesage : tous deux veillent aux liens avec la France. La francophonie a désormais atteint la conscience politique.

En Afrique : en 1965, l'Union africaine et malgache devient l'OCAM. Cet organe devient le nœud des projets francophones élaborés par L. S. Senghor, Habib Bourguiba et Hamani Diori.

Le président Bourguiba dans un périple à travers l'Afrique de l'Ouest développe l'idée d'un « Commonwealth à la française », facteur d'unité en Afrique et de rapprochement avec la France.

**2. L'époque des initiatives africaines.** — C'est autour de l'OCAM que les projets se développent avec la plus grande intensité : création d'organes de coopération des pays francophones, de conférences interministérielles annuelles, d'un Conseil africain de l'enseignement supérieur.

L'initiative d'organiser le monde francophone revient à l'Afrique. Hamani Diori présente le projet dans les Etats francophones où l'accueil est varié : accord complet en Tunisie par exemple, refus ou réserve en Algérie ou au Maroc.

L'OCAM dans son projet définissait la francophonie comme « une communauté spirituelle de nations qui emploient le français » et concluait donc à un élargissement de la communauté qui devait inclure tous les Etats parlant français.

Le projet, qui ne fut pas concrétisé, influença néanmoins la création de l'Agence de Coopération culturelle et technique. Il témoigna de la vitalité africaine et expliqua l'accueil enthousiaste réservé au président Senghor au Québec en 1966, où il déclarait : « Nous sommes devenus des Etats indépendants, des personnes majeures qui exigent leur part de responsabilité pour fortifier la communauté en l'agrandissant. »

Durant cette période d'intense activité africaine, la France garde un silence réservé, fait de discrétion mais également de participation silencieuse. Il faut citer à cet égard quelques réalisations comme l'entente culturelle du 23 novembre 1965 entre la France et le Québec, premier accord international où la France déclare partager la responsabilité de sa langue. L'Association internationale des Parlementaires de Langue française (l'AIPLF dont la section française est alors présidée par le président de l'Assemblée nationale, Jacques Chaban-Delmas, et le secrétariat général international assuré par Xavier Deniau, député du Loiret) naît en 1967 à Luxembourg sur une suggestion de L. S. Senghor et l'invitation du président Victor Bodson.

Le général de Gaulle a toujours lui-même été discret sur la francophonie. Rappelons que la seule question à laquelle il refusa de répondre au cours de sa conférence de presse du 28 octobre 1966 et posée par un journaliste dahoméen portait sur la francophonie. Il ne voulait pas marquer l'idée de son sceau en la personnalisant : elle devait être le bien commun de tous les francophones.

La seule fois où il prononça ce mot en public fut le jour où, recevant à Trianon le 25 septembre 1968 les parlementaires de langue française, il apprit la mort de son ami Daniel Johnson, Premier Ministre du Québec. Sous le coup de l'émotion il s'exclama : « Voilà une grande perte pour la francophonie. »

3. **L'époque des décisions.** — Cette période se caractérise par le passage à une prise de conscience politique symbolisée par le célèbre discours du général de Gaulle à Québec et par de nombreuses adhésions.

Notons d'ailleurs les nouveaux buts que se propose l'AIPLF en 1975 : « La promotion des cultures et civilisations des peuples qui font un usage habituel du français sans être de culture et de civilisation françaises. »

Les réalisations pratiques se multiplient : en 1968, le Québec est invité à la Conférence des ministres de l'Education tandis que la même année est créé un Office franco-québécois pour la Jeunesse.

L'Agence de Coopération (réclamée avec insistance par nombre d'intervenants francophones pendant plusieurs années et plus particulièrement par l'Association des Parlementaires de Langue française à Versailles en 1968) est créée en 1970 à Niamey par 26 pays. Dès 1969, A. Malraux en traçait la portée. « Notre problème n'est donc nullement dans l'opposition des cultures nationales, mais dans l'esprit particulier qu'une culture nationale peut donner dans la culture mondiale. (...) Il est sans intérêt de chercher si nous devons préférer la culture française à l'anglaise, l'américaine, l'allemande ou la russe. Parce que nous pouvons connaître — nous devons connaître — d'autres cultures que la nôtre : mais nous ne les connaissons pas de la même façon (...).

« Pour atteindre la culture mondiale — ce qui veut dire aujourd'hui pour opposer aux puissances obscures les puissances de l'immortalité — chaque homme se fonde sur une culture et c'est la sienne. Mais pas sur elle seule. »

Ainsi se trouvait défini le rôle de la francophonie, médiatrice culturelle et politique entre les nations, comme le fut la civilisation grecque.

En France même, le mouvement s'accélère depuis que, les pays autres ayant pris l'initiative, l'ancienne métropole redoute moins les accusations de néo-colonialisme.

L'article 2 de la loi du 11 novembre 1968 d'orientation de l'enseignement supérieur indique que les universités « prennent les dispositions nécessaires pour développer la coopération universitaire internationale, notamment avec les universités *partiellement ou entièrement de langue française* ». L'année 1973 voit la création du Comité de la Francophonie. En 1974, sont créés le Comité interministériel pour les

Affaires francophones, le Service des Affaires francophones au ministère des Affaires étrangères ainsi que l'AFAL (Association francophone d'Accueil et de Liaison), organisme fédérateur.

En janvier 1973, pour la première fois, un texte législatif français, le Code de la nationalité, se réfère à l'entité culturelle et linguistique française (art. 64.1 et art. 82.2).

Le 9 juin 1982 la réponse du président Mitterrand, lors d'une conférence de presse affirmant sa « passion pour la francophonie », manifeste bien le champ parcouru par la France, de la réserve initiale à l'engagement déclaré.

4. **L'époque des aboutissements.** — La tenue à Paris, en février 1986, de la Iʳᵉ Conférence des chefs d'Etat et de Gouvernement ayant en commun l'usage du français marque un tournant dans l'histoire de la francophonie.

En effet, en hommage à la clairvoyance des précurseurs, cette conférence donne une impulsion nouvelle à la francophonie en la dotant d'une entité politique du plus haut niveau destinée à superviser le développement multisectoriel de la coopération francophone, et aussi à constituer un espace de dialogue entre les différents Etats francophones, et à porter auprès de la communauté des nations la voix originale de la francophonie.

Après la prise de conscience opérée par les intellectuels puis par les pays francophones extérieurs à la France, enfin par celle-ci, l'ultime effort reste à faire dans une campagne de vulgarisation et de sensibilisation auprès des opinions publiques : phase qui marquerait l'étape finale de la prise de conscience. Nous y sommes encore.

A ce bref résumé de la naissance et de la vie d'une idée nouvelle dans la vie politique française, ajoutons que son entrée dans la légitimité administrative et diplomatique fut en France le fait de peu d'hommes, de métiers et d'opinions politiques très variés, mais animés d'une même foi.

Comme dans l'*Histoire des Treize* de Balzac, mais cette fois au service du bien public et appuyé sur un véritable réseau international de francophones convaincus, un petit nombre d'hommes décidés et solidaires. Parmi lesquels Philippe Rossillon, Bernard Dorin, Martial de La Fournière, et l'auteur de cet ouvrage, démontrèrent qu'il était possible, avec passion et persévérance, de modifier des habitudes, et de créer une politique neuve de la France :

## ENTENTE

SUR LA COOPÉRATION CULTURELLE
ENTRE LE GOUVERNEMENT
DE LA RÉPUBLIQUE FRANÇAISE
ET LE GOUVERNEMENT DU QUÉBEC

Le gouvernement de la République française et le gouvernement du Québec,

Conscients des liens historiques que leur communauté d'origine, de langue et de culture a créés entre la France et le Québec ;

Désireux de promouvoir la langue française et de développer les relations culturelles par la multiplication des échanges intellectuels, littéraires, artistiques et scientifiques ;

Résolus à étendre et à renforcer la coopération amicale heureusement établie entre eux par l'entente sur un programme d'échanges et de coopération dans le domaine de l'éducation signée à Paris le 27 février 1965,

Ont convenu des dispositions suivantes :

TITRE I<sup>er</sup>

*De la langue française*

ARTICLE PREMIER. — Le gouvernement de la République française et le gouvernement du Québec coopèrent étroitement à la promotion et à la diffusion de la langue française.

ART. 2. — Les parties contractantes favorisent le travail en commun des organismes ou institutions qui veillent à la qualité de la langue française et qui œuvrent à son expansion.

ART. 3. — Les parties contractantes échangent des informations et de la documentation sur les méthodes de diffusion et de perfectionnement du français, langue maternelle et langue seconde.

Elles favorisent l'organisation de réunions de spécialistes et de stages ayant pour objet de contribuer à la définition et à l'amélioration de la terminologie scientifique et technique française.

Elles échangent des spécialistes du français, langue maternelle et langue seconde et prévoient, notamment, l'envoi de missions dans des services ou établissements publics ainsi que dans des institutions spécialisées.

ART. 4. — Les parties contractantes prennent toutes dispositions utiles pour faciliter l'établissement de liaisons étroites entre l'Office de la Langue française du Québec et les organismes reconnus par celui-ci, d'une part, les universités et les institutions françaises spécialisées, d'autre part.

ART. 5. — Les parties contractantes veillent à ce que les livres et la documentation sur la philologie de la langue française fassent l'objet d'échanges accrus. (...)

Le 24 novembre 1965, *Journal officiel* du 24 janvier 1966.

DEUXIÈME PARTIE

# *VIE DE LA FRANCOPHONIE*

Chapitre I

## LES STRUCTURES
## DE LA FRANCOPHONIE

Dans la première édition de cet ouvrage, nous convenions qu'il pouvait sembler paradoxal de traiter pareil thème, puisque la notion de structure ne s'appliquait dans le cadre de la francophonie ni à une construction juridique, ni à un ensemble hiérarchique fixe, mais à des institutions souples et multiformes, à des associations privées et à des échanges spontanés entre individus.

Désormais, tel n'est plus tout à fait le cas : avec la tenue périodique des Conférences des chefs d'Etat et de Gouvernement ayant en commun l'usage du français (les sommets francophones), et la restructuration de l'Agence de Coopération culturelle et technique (ACCT), un indéniable effort d'organisation de la francophonie a été entrepris.

C'est véritablement d'un passage à la vitesse supérieure du mouvement francophone dont il s'agit. Sans pour autant que le foisonnement d'initiatives diverses qui sont la richesse et la vitalité de la francophonie s'en trouve contrarié ou déprécié, mais bien au contraire simplement rendu plus efficace car bénéficiant désormais d'orientations précises.

Il n'en demeure pas moins que les structures de la francophonie ne ressemblent pas au système du Commonwealth. Dans ce domaine ce sont les Anglo-Saxons qui sont juridiques et les francophones qui sont pragmatiques.

La règle est toujours de se soumettre à la pluralité de la vie, à l'épanouissement de tous les intérêts. La France s'est montrée et reste particulièrement attachée à cette idée de flexibilité des organismes francophones.

Le représentant du gouvernement français, lors d'une conférence donnée le 8 novembre 1966, insistait sur « la nécessité de voir les choses avec une souplesse suffisante pour que ceux qui se sentent une appartenance à notre culture puissent, au sein de la francophonie, trouver, sans être gênés par des formes juridiques ou politiques, la place qui leur convient sous la forme qu'ils préfèrent et au niveau d'activité où ils entendent se limiter ». La France ne s'est pas écartée de cette ligne de conduite qui pourrait se résumer par ces deux mots : « empirisme » et « prudence ».

Ce pragmatisme a d'abord des causes historiques. Le récent passé colonial de la France lui a démontré que les constructions juridiques entre peuples différents n'étaient pas un gage d'union durable. La France, au milieu du XXᵉ siècle, a connu trois types de relations juridiques avec ses colonies puis ex-colonies : l'Empire français, l'Union française et la Communauté. Elle a choisi une autre politique en matière de francophonie, qui réunit des peuples et des hommes — anciens colonisés ou non — au-delà des statuts juridiques ou politiques.

Mais l'expérience historique n'est pas seule à mettre en cause. La France craignait également qu'un rapprochement trop structuré ne passât pour une volonté déguisée de restaurer des liens coloniaux, même si le fondement n'était plus que culturel ou linguistique. C'est pourquoi les Français, loin de revendiquer la présidence des organismes francophones, tendent à s'effacer. La langue française est « médiatrice et non impératrice ».

La troisième raison que l'on peut invoquer est d'ordre politique cette fois. La communauté francophone n'est pas « une », mais se caractérise par sa diversité. Les intérêts économiques, culturels, politiques des différents pays n'auraient pu se satisfaire d'un organisme unique, si complexe fût-il. Seul un ensemble non contraignant peut respecter les options de chacun et permettre leur expansion naturelle.

Cette réalité est illustrée par la liste des pays participants, qui, selon les organismes ou associations, n'est jamais la même et varie de douze à cinquante.

Ce pluralisme, si difficile à décrire précisément, permet cependant de concevoir la francophonie avec plus d'exactitude. La francophonie est une réalité quotidienne qui traite de problèmes concrets dans tous les domaines. Les nombreux organismes francophones et la tenue désormais périodique de la Conférence des chefs d'Etat et de Gouvernement des pays ayant en commun l'usage du français en témoignent. Cependant, la francophonie ne se réduit pas à ces supports. Des individus, qu'ils soient hommes d'Etat, enseignants, étudiants ou hommes d'entreprises, établissent des liens personnels, puis des rapports de travail qui parfois donnent eux-mêmes naissance à ces structures que nous allons présenter.

Ces organismes se sont constitués progressivement et sous des formes diverses. Nous distinguerons cependant, pour la commodité de l'exposé, les organismes internationaux et les organismes spécifiquement français en adoptant comme deuxième critère celui du secteur public et du secteur privé.

# I. — Les organismes internationaux

## 1. Les institutions intergouvernementales.

A) *Conférence des chefs d'Etat et de Gouvernement ayant en commun l'usage du français (les sommets francophones).* — Sans être à proprement parler, au sens du droit international, une institution — mais évoquant plutôt les conférences diplomatiques multilatérales traditionnelles —, les sommets francophones sont des réunions fondamentales périodiques dont le rôle est de dégager des orientations et de définir des priorités. Leur avènement a marqué un tournant dans la francophonie, apportant la caution morale au niveau politique le plus élevé, dénotant par là une volonté réelle qui s'est traduite par un surcroît de moyens financiers et humains mis à la disposition des peuples francophones.

*a) Le sommet de Paris.* — Du 17 au 19 février 1986 se réunissait à Paris — après une séance inaugurale solennelle à Versailles — la Iʳᵉ Conférence des chefs d'Etat et de Gouvernement des pays ayant en commun l'usage du français. Les pays qui pouvaient être concernés par ce rendez-vous étaient présents à une ou deux exceptions près. C'est-à-dire 42 pays participants dont 26 au niveau effectif de chef d'Etat ou de gouvernement.

Cette conférence représente un événement historique majeur dans l'histoire de la francophonie.

Cet événement était d'ailleurs attendu depuis longtemps ; la première proposition officielle remonte à 1975 lorsque le président Léopold Sédar Senghor suggéra au président Valéry Giscard d'Estaing la convocation d'une conférence au niveau le plus élevé de ce qui serait alors devenu la « communauté culturelle organique ». Ce mouvement aboutit à une tentative de convoquer, vers la fin de l'année 1980, une conférence au sommet à Dakar qui n'eut finalement pas lieu pour de multiples raisons, la plus fréquemment citée étant le désaccord existant à l'époque entre les gouvernements du Canada et du Québec sur la participation de ce dernier. Il est cependant nécessaire d'en distinguer d'autres dont, notamment, la réserve observée en cette matière par le président Giscard d'Estaing ; la crainte exprimée par certains Etats africains de voir diluer l'importance des sommets franco-africains ; la défiance éveillée chez certains hommes d'Etat par l'importance du projet de communauté organique élaboré par le président Senghor. D'autre part, dans les premiers mois du gouvernement socialiste en France, s'est manifestée une volonté de ne pas aller de l'avant dans ce projet sans la présence de l'Algérie. Ce n'est donc finalement qu'en 1986, sur décision du Président de la République française, François Mitterrand, et l'acquiescement des partis d'opposition que la tenue de cette Conférence des chefs d'Etat et de Gouvernement des pays ayant en commun l'usage du français a pu se concrétiser.

Les thèmes évoqués au sommet de Paris se sont partagés en deux grands volets : le premier traitant des questions économiques et politiques mondiales, le second des questions de coopération et de développement.

*b) Le sommet de Québec.* — La IIe Conférence des chefs d'Etat et de Gouvernement des pays ayant en commun l'usage du français s'est tenue à Québec du 2 au 4 septembre 1987. Il y fut traité des deux grands volets abordés à Paris : politique et économie d'une part, coopération et développement de l'autre. Ce second sommet allait connaître essentiellement le prolongement et la consolidation des décisions prises à Paris, avec l'adoption de nouveaux projets ou l'élargissement de projets en cours.

*c) Le sommet de Dakar.* — La IIIe Conférence des chefs d'Etat et de Gouvernement des pays ayant en

**Pays francophones**

| Pays | Population totale | Utilisation du français langue d'usage | | Langues officielles, administratives | Participation aux sommets |
|---|---|---|---|---|---|
| | | Nombre | % | | |
| Belgique | 9 979 000 | 4 500 000 | 45,5 | français-néerlandais allemand | 1, 2, 3, 4, 5, 6 |
| Bénin | 4 700 000 | 470 000 | 10 | français | 1, 2, 3, 4, 5, 6 |
| Bulgarie | 8 905 000 | | | bulgare | 4, 5, 6 |
| Burkina-Faso | 8 700 000 | 610 000 | 7 | français | 1, 2, 3, 4, 5, 6 |
| Burundi | 5 500 000 | 165 000 | 3 | kirundi-français | 1, 2, 3, 4, 5, 6 |
| Cambodge | 5 700 000 | | | cambodgien | 1*, 2*, 3*, 4, 5, 6 |
| Cameroun | 10 760 000 | 1 940 000 | 18 | français-anglais | 3*, 4, 5, 6 |
| Canada | 27 800 000 | 6 580 000 | 24 | français-anglais | 1, 2, 3, 4, 5, 6 |
| Québec | 6 800 000 | 5 620 000 | 83 | français | 1, 2, 3, 4, 5, 6 |
| Nouveau-Brunswick | 730 000 | 245 000 | 33,6 | français-anglais | 1, 2, 3, 4, 5, 6 |
| Cap-Vert | 370 000 | 50 000 | 13,5 | portugais | 3, 4, 5, 6 |
| Centrafrique | 2 800 000 | 140 000 | 5 | français | 1, 2, 3, 4, 5, 6 |
| Comores | 450 000 | 35 000 | 8 | français-arabe | 1, 2, 3, 4, 5, 6 |
| Congo | 2 200 000 | 770 000 | 35 | français | 1, 2, 3, 4, 5, 6 |
| Côte-d'Ivoire | 12 100 000 | 3 630 000 | 30 | français | 1, 2, 3, 4, 6 |
| Djibouti | 410 000 | 29 000 | 7 | français-arabe | 1, 2, 3, 4, 5, 6 |
| Dominique | 90 000 | 1 000 | 1,1 | anglais-créole | 1, 2, 3, 5, 6 |
| Egypte | 54 800 000 | 215 000 | 0,1 | arabe | 1, 2, 3, 4, 5, 6 |
| France | 57 600 000 | 56 216 000 | 97,6 | français | 1, 2, 3, 4, 5, 6 |
| Gabon | 1 000 000 | 300 000 | 30 | français | 1, 2, 3, 4, 5, 6 |
| Guinée | 7 100 000 | 355 000 | 5 | français | 1, 2, 3, 4, 5, 6 |
| Guinée-Bissau | 1 000 000 | 1 000 | 0,1 | français | 1, 2, 3, 4, 5, 6 |
| Guinée équatoriale | 400 000 | | | portugais | 3, 4, 5, 6 |

| | | | | | |
|---|---|---|---|---|---|
| Liban | 3 300 000 | 894 000 | 27 | arabe | 1, 2, 3, 4, 5, 6 |
| Louisiane | 4 500 000 | 100 000 | 2,2 | anglais-français | 6 |
| Luxembourg | 372 000 | 300 000 | 80 | français-allemand-luxembourgeois | 1, 2, 3, 4, 5, 6 |
| Madagascar | 11 800 000 | 1 060 000 | 9 | malgache-français | 1, 2, 3, 4, 5, 6 |
| Mali | 8 900 000 | 890 000 | 10 | français | 1, 2, 3, 4, 5, 6 |
| Maroc | 25 600 000 | 4 610 000 | 18 | arabe-français | 1, 2, 3, 4, 5, 6 |
| Maurice | 1 100 000 | 270 000 | 25 | anglais | 1, 2, 3, 4, 5, 6 |
| Mauritanie | 2 000 000 | 120 000 | 6 | arabe-français | 1, 2, 4, 5, 6 |
| Moldavie | 3 570 000 | | | roumain-russe | 5, 6 |
| Monaco | 30 000 | 27 000 | 90 | français | 1, 2, 3, 4, 5, 6 |
| Niger | 7 400 000 | 520 000 | 7 | français | 1, 2, 3, 4, 5, 6 |
| Nouvelle-Angleterre | 14 000 000 | 200 000 | 1,4 | anglais | 2, 3, 4*, 5*, 6 |
| Roumanie | 22 350 000 | | | roumain | |
| Rwanda | 7 000 000 | 210 000 | 3 | kinyarwanda-français | 1, 2, 3, 4, 5, 6 |
| Sainte-Lucie | 140 000 | 2 000 | 1,4 | anglais | 1, 2, 5, 6 |
| São Tomé e Príncipe | 102 000 | 10 000 | | portugais | 6 |
| Sénégal | 7 200 000 | 720 000 | 10 | français | 1, 2, 3, 4, 5, 6 |
| Seychelles | 70 000 | 5 000 | 7 | créole-anglais-français | 1, 2, 3, 4, 5, 6 |
| Suisse | 6 600 000 | 1 200 000 | 18,5 | français-italien-allemand | 1, 2, 3, 4, 5, 6 |
| Tchad | 4 900 000 | 150 000 | 3 | français-arabe | 1, 2, 3, 4, 5, 6 |
| Togo | 3 400 000 | 680 000 | 20 | français | 1, 2, 3, 4, 5, 6 |
| Tunisie | 7 700 000 | 370 000 | 30 | arabe-français | 1, 2, 3, 4, 5, 6 |
| Val d'Aoste | 120 000 | 12 000 | 10 | italien-français | 2, 3, 4, 5, 6 |
| Vanuatu | 145 000 | 45 000 | 31 | français-anglais-bislama | 1, 4, 5, 6 |
| Vietnam | 66 800 000 | 70 000 | 0,1 | vietnamien | 1*, 2, 3, 4, 5, 6 |
| Zaïre | 34 900 000 | 1 740 000 | 5 | français | 1, 2, 3, 4, 5, 6 |
| Total | 454 071 000 | 96 329 000 | 21,2 | | |

1 = Paris ; 2 = Québec ; 3 = Dakar ; 4 = Chaillot ; 5 = Maurice ; * = Observateur.

commun l'usage du français s'est tenue à Dakar du 24 au 26 mai 1989. Ce premier sommet en terre africaine, fait dont le caractère symbolique doit être souligné, s'est attaché à la consolidation de la francophonie.

Une décision majeure a été la création à Alexandrie de l'Université internationale de Langue française, dite Université Senghor, destinée à la formation en matière de gestion de cadres de très haut niveau. Elle a été définie comme un « pôle d'excellence au service du développement africain ».

L'accord pour cette création a été signé par deux Africains musulmans : le président Abdou Diouf pour la république du Sénégal, au nom de la conférence qui trouve ainsi une existence juridique, et le président Moubarak au nom de la république arabe d'Egypte.

L'autre événement de ce sommet a été l'entrée officielle de la Suisse dans la francophonie.

*d) Le sommet de Chaillot.* — La IV$^e$ Conférence des chefs d'Etat et de gouvernement des pays ayant en commun l'usage du français — dénommée Sommet de Chaillot — s'est tenue en France en novembre 1991. Elle a marqué un renforcement et une institutionnalisation des organisations de la francophonie par la création d'un conseil permanent de la francophonie composé des représentants des chefs d'Etat et de gouvernement de quinze pays, organe commun aux sommets et à l'Agence.

Par ailleurs, un forum des associations francophones s'est tenu dans le cadre du sommet.

*Le V$^e$ Sommet de la francophonie*
*à l'île Maurice*

Celui-ci a changé de dénomination à l'initiative de Maurice Druon, secrétaire général de l'Académie française : ce sera désormais la « conférence des pays ayant la langue française en partage ».

L'île Maurice a accueilli, du 16 au 18 octobre 1993, 47 chefs d'Etat, de gouvernement et de délégation pour leur Vᵉ Conférence depuis 1986. Celle-ci a été le sommet de l'affirmation politique de la francophonie.

*Le sommet de Cotonou.* — La VIᵉ Conférence de Cotonou souligne la nécessité de l'action francophone multilatérale pour l'éducation de base en français, la place du français sur les réseaux de communication moderne — comme Internet — et nouveaux médias ; et enfin la nécessité d'une solidarité toujours plus accrue entre pays de la francophonie, *au bénéfice* des plus pauvres.

Jacques Chirac disait alors : « Il faut lutter vigoureusement contre la tentation de désengagement qui se répand dans certains grands pays industrialisés, ce qui est irresponsable et parfaitement contraire à l'humanisme auquel nous prétendons adhérer. »

*Le sommet de Hanoï.* — Le dernier sommet s'est tenu à Hanoï du 12 au 15 novembre 1997.

Le sommet de Hanoï a décidé la création d'un secrétariat général de la francophonie qui aura un rôle politique et d'animation et auquel a été élu M. Boutros-Ghali, ancien vice-premier ministre égyptien chargé des affaires étrangères et sixième secrétaire général de l'Organisation des Nations Unies.

Le sommet a décidé de modifier le nom et l'organisation de l'Agence culturelle et technique qui devient l'Agence de la francophonie.

Elle est l'opérateur principal et la seule organisation intergouvernementale de la francophonie.

Etaient présents au sommet de Hanoï les 49 pays membres de l'Agence de coopération de la francophonie. Un invité spécial (le Val d'Aoste) et trois observateurs : l'Albanie, la Macédoine, la Pologne.

*Le sommet de Moncton.* — Voici les propos tenus par M. Boutros-Ghali au sommet de Moncton :

« La Francophonie est d'abord là pour faire ce que d'autres ne feront jamais à sa place !

« La Francophonie est donc là pour faire entendre la voix de ses membres au sein des plus hautes instances internationales. Elle est là pour défendre leurs intérêts. Elle est là pour promouvoir le respect de la diversité culturelle et linguistique.

« Elle est là pour œuvrer en faveur de la paix au sein de l'espace francophone.

« Elle est là pour développer l'éducation et la formation de la jeunesse francophone.

« Elle est là pour stimuler la coopération économique et favoriser la participation de tous ses membres au commerce mondial.

« Elle est là pour démocratiser l'accès aux nouvelles technologies, notamment dans les pays francophones du Sud, et susciter la multiplication des contenus en français sur les inforoutes.

« Elle est là pour assurer la mobilité des jeunes et faciliter leur emploi.

« Elle est là, enfin, pour favoriser la concertation et la circulation de l'information entre ses Etats et gouvernements membres. »

Le prochain sommet des chefs d'Etat et de gouvernement en langue française en partage aura lieu à Beyrouth du 27 au 30 octobre 2001.

---

B) *Les conférences des ministres des pays ayant en commun l'usage du français.* — Ces réunions politiques dans le cadre de la francophonie permettent l'échange d'informations et l'étude de projets de coopération.

Deux conférences ministérielles qualifiées de permanentes disposent d'une certaine autonomie. Ce sont :

— la CONFEMEN (la Conférence des ministres de l'Education des pays ayant en commun l'usage du

français), créée en 1960 à l'initiative des Etats africains et malgache ; elle est dotée depuis 1968 d'un secrétariat technique permanent dont le siège est à Dakar ;
— la CONFEJES (la Conférence des ministres de la Jeunesse et des Sports des pays ayant en commun l'usage du français), créée en 1969 ; son siège se situe à Dakar.

Il existe, par ailleurs, d'autres conférences ministérielles qui sont convoquées dans le cadre des sommets et dont la préparation et le suivi sont assurés par l'ACCT. Il s'agit, par exemple, de la Conférence des ministres de la Justice, qui eut lieu pour la première fois à Paris, en janvier 1989 ; de la Conférence des ministres de la Culture, dont la deuxième réunion s'est tenue à Liège, en novembre 1990 ; et de la Conférence des ministres francophones de l'Environnement dont la convocation a été souhaitée lors du sommet de Dakar.

C) *L'Agence de Francophonie* (L'Agence de Coopération culturelle et technique, dont la nomination a été changée au moment du Sommet d'Hanoï en celui d'Agence de Francophonie) — Créée en 1970, lors de la IIᵉ Conférence de Niamey, l'Agence est la seule « organisation intergouvernementale de la francophonie découlant d'une convention », c'est-à-dire l'unique organisation internationale, au sens strict, regroupant les pays qui ont en commun l'usage du français.

*Etats membres (41) :* Belgique, Bénin, Bulgarie, Burkina-Faso, Burundi, Cambodge, Cameroun, Canada, Centrafrique, Comores, Congo, Côte-d'Ivoire, Djibouti, Dominique, France, Gabon, Guinée, Guinée équatoriale, Haïti, Laos, Liban, Luxembourg, Madagascar (retrait en décembre 1977, retour en décembre 1989), Mali, île Maurice, Moldavie, Monaco, Niger, Roumanie, Rwanda, São Tomé e Príncipe, Sénégal, Seychelles, Suisse, Tchad, Togo, Tunisie, Vanuatu, Vietnam, Zaïre.

*Etats associés (5)* : Egypte, Guinée-Bissau, Maroc, Mauritanie, Sainte-Lucie.

*Gouvernements participants (2)* : Canada-Québec, Canada-Nouveau-Brunswick.

L'Agence de Francophonie a invité, ainsi que les opérateurs directs et reconnus par les Sommets, explicitement identifiés dans la Charte de la Francophonie : l'Aupelf-Uref, TV5, l'Université Senghor, l'AIMF, à assiter le Secrétaire général dans sa tâche de proposition d'axes prioritaires de la programmation multilatérale francophone, qui doivent s'inscrire dans le cadre des objectifs définis par le Plan d'action. Le Conseil de coopération doit être l'organe efficace de l'harmonisation des actions engagées en commun et de leur évaluation. Le budget de l'Agence est alimenté par les contributions obligatoires des Etats membres. Les plus importantes sont celles de la France, 46 % ; du Canada avec le Québec et le Nouveau-Brunswick, 35 %, de la Communauté française de Belgique, 12 % et de la Suisse, 10 %.

D) *Les groupes francophones au sein des organisations faisant partie des Nations Unies.* — Les groupes francophones réunissent, sur une base informelle et volontaire, les délégations utilisant le français comme langue de travail dans un même centre de l'ONU ou auprès d'une même organisation internationale pour assurer les droits reconnus au français d'après les dispositions en vigueur.

Le premier groupe francophone fut créé dès 1966 à New York, suivi par les groupes de Genève, Vienne, Nairobi, Paris-Unesco et Montréal-OACI. D'autres groupes sont appelés à se constituer.

Historiquement, les débuts du français à l'Organisation des Nations Unies ont été difficiles. Au départ, sur 51 Etats signataires, 4 seulement étaient de langue française : la Belgique, la France, Haïti et le Luxembourg. Pour la mise en place de l'Organisation, il fut décidé, après discussions, qu'il y aurait 5 langues officielles (anglais, chinois, espagnol, français et russe) et 2 langues de travail (anglais et français).

Le français bénéficia, dans cette décision favorable due à l'effort diplomatique de Georges Bidault, de l'appui de l'URSS — contre le sentiment des Etats-Unis.

Le motif donné fut que le français étant, avant la guerre, langue diplomatique, il ne fallait pas que l' « agression nazie » ait obtenu un succès sur ce point comme sur aucun autre.

La place du français dans l'Organisation elle-même fut fixée dans la résolution II de l'Assemblée générale, au cours de sa première réunion : le français, au même titre que l'anglais, était langue officielle et langue de travail du secrétariat. Toutefois, la localisation de l'ONU aux Etats-Unis et le nombre dominant des délégations anglophones accentuèrent peu à peu le déséquilibre en faveur de l'anglais. Les fonctionnaires anglophones étaient de plus en plus nombreux, 90 % des documents du secrétariat étaient rédigés en anglais, si bien que les francophones eux-mêmes en venaient à recourir à l'anglais.

Une réaction s'amorça donc à partir des années 1960, soutenue par l'arrivée massive à l'ONU des Etats africains nouvellement indépendants.

Malgré l'existence d'une série de revendications et de mesures antérieures, c'est donc en 1966 qu'eut lieu le véritable mouvement de réaction.

Aujourd'hui près de quarante délégations participent aux activités du groupe de New York et une cinquantaine demandent que les documents et la correspondance de l'ONU leur parviennent en français (cf. tableau pages 72-73).

A l'Unesco à Paris quatre-vingts délégations travaillent sur les documents publiés en français.

L'on constate donc que le français reste la deuxième langue utilisée dans les organismes des Nations Unies. C'est l' « honorable seconde place » du français, langue internationale décrite par Marc Blancpain.

Au total, le français est la langue officielle ou la langue de travail, ou l'une et l'autre, de l'ONU, de la quasi-totalité de ses institutions spécialisées et des organismes qui lui sont rattachés, en particulier le GATT et l'Agence de l'énergie atomique de Vienne, ainsi que de la majorité des organisations indépendantes des Nations Unies, notamment l'UEO, le Conseil de l'Europe, l'OCDE, l'OTAN, INTERPOL, l'Organisation de l'unité africaine, la Commission du Pacifique-Sud.

Il en est de même dans les grandes organisations internationales non gouvernementales, qu'il s'agisse du Comité international de la Croix-Rouge, du Comité international olympique, de Caritas-international, de l'Académie de droit international de La Haye, etc.

La langue française demeure donc, en droit, la seconde langue internationale. Elle ne conservera cette position dans la pratique, tant dans la diplomatie bilatérale que dans les activités des organisations internationales, qu'au prix d'efforts soutenus des gouvernements des pays « ayant le français en partage ». On doit reconnaître qu'à ce jour, ces efforts restent gravement insuffisants.

E) *La zone franc est, non en droit, mais en fait, francophone par ses seize membres.* — Bénin, Burkina-Faso, Cameroun, Centrafrique, Comores, Congo, Côte-d'Ivoire, France, Gabon, Guinée équatoriale,

Mali, Monaco, Niger, Sénégal, Tchad, Togo. Le franc CFA vaut 1 franc français. La zone franc CFA obéit à quatre règles de fonctionnement : libre convertibilité entre le CFA et le franc ; liberté de transfert de capitaux dans la zone ; garantie sans limite du CFA par le trésor français si les banques nationales y déposent 65 % de leurs réserves de changes ; politique monétaire restrictive dès que les réserves internationales par rapport aux dettes à vue tombent à moins de 20 %.

2. **Les organisations parapubliques.** — Nous désignerons sous ce terme les organisations intermédiaires ne s'identifiant strictement ni aux organismes publics, ni au mouvement associatif privé, mais leur vocation ou leur composition sont de dimension publique. Nous nous limiterons à l'étude de certaines organisations particulièrement importantes.

A) *L'Assemblée internationale des Parlementaires de Langue française (AIPLF).* — L'AIPLF, créée en 1967, rassemble des parlementaires groupés en sections nationales, issus d'assemblées où le français est une langue officielle, véhiculaire ou fréquemment parlée. Dénommée lors de sa constitution, et pendant les vingt-huit années suivantes, Association des Parlementaires de Langue française, elle a pris l'appellation actuelle lors de sa dix-septième assemblée générale solennellement et symboliquement tenue à Paris, en juillet 1989.

Elle comprend trente-sept sections représentant des parlements francophones, ainsi que deux sections et un groupe de parlementaires associés. Elle a créé une distinction recherchée : la Pléiade, ordre de la francophonie et du dialogue des cultures.
L'AIPLF a obtenu des résultats dans de multiples domaines. Elle a joué un rôle déterminant dans la réalisation du projet francophone en réclamant la mise en place de l'Agence de Coo-

# FORMULE DE RENSEIGNEMENTS POUR LA CORRESPONDANCE

A adresser au Groupe de la correspondance, bureau S-1102, poste 36760    N° 97/

Rédacteur : ——     Département : ——     Bureau : ——     Poste : ——

La communicaton ci-jointe est destinée aux :
☐ Représentants permanents des Etats membres
☐ Observateurs permanents des Etats non membres
☐ Organisations indiquées ci-après

## ÉTATS MEMBRES

| | | | | | | | |
|---|---|---|---|---|---|---|---|
| A | AFGHANISTAN | EA | EL SALVADOR | A | LESOTHO | EA | RÉP. DOMINICAINE |
| A | AFRIQUE DU SUD | A | ÉMIRATS ARABES UNIES | A | LETTONIE | A | RÉPUBLIQUE POPULAIRE DÉMOCRATIQUE DE CORÉE |
| F | ALBANIE | EA | ÉQUATEUR | F | LIBAN | | |
| F | ALGÉRIE | A | ÉRYTHRÉE | A | LIBERIA | A | RÉPUBLIQUE TCHÈQUE |
| A | ALLEMAGNE | EA | ESPAGNE | A | LIECHTENSTEIN | A | RÉP.-UNIE DE TANZANIE |
| E | ANDORRE | A | ESTONIE | A | LITUANIE | | |
| *F | ANGOLA | A | ÉTATS-UNIS | F | LUXEMBOURG | F | ROUMANIE |
| A | ANTIGUA-ET-BARBUDA | A | ÉTHIOPIE | F | MADAGASCAR | A | ROYAUME-UNI |
| A | ARABIE SAOUDITE | A | EX-RÉPUBLIQUE YOUGOSLAVE DE MACÉDOINE | A | MALAISIE | F | RWANDA |
| EF | ARGENTINE | | | A | MALAWI | A | SAINTE-LUCIE |
| A | ARMÉNIE | | | A | MALDIVES | A | SAINT-KITTS-ET-NEVIS |
| A | AUSTRALIE | A | FÉDÉRATION DE RUSSIE | F | MALI | F | SAINT-MARIN |
| A | AUTRICHE | | | A | MALTE | A | SAINT-VINCENT-ET-LES-GRENADINES |
| A | AZERBAIDJAN | A | FIDJI | F | MAROC | | |
| A | BAHAMAS | A | FINLANDE | A | MAURICE | A | SAMOA |
| A | BAHREIN | F | FRANCE | F | MAURITANIE | F | SAO-TOME-ET-PRINCIPE |
| A | BANGLADESH | F | GABON | EA | MEXIQUE | | |
| A | BARBADE | A | GAMBIE | A | MICRONÉSIE (ÉTATS FÉDÉRÉS DE) | F | SÉNÉGAL |
| A | BELARUS | A | GÉORGIE | | | AF | SEYCHELLES |
| F | BELGIQUE | A | GHANA | F | MONACO | A | SIERRA LEONE |
| A | BELIZE | A | GRÈCE | A | MONGOLIE | A | SINGAPOUR |
| F | BÉNIN | A | GRENADE | A | MOZAMBIQUE | A | SLOVAQUIE |
| A | BHOUTAN | EA | GUATEMALA | A | MYANMAR | | |
| | | | | A | NAMIBIE | | |

## ÉTATS NON-MEMBRES

| | |
|---|---|
| A | KIRIBATI |
| A | NAURU |
| EA | L'Ordre souverain de Malte |
| F | SAINT-SIÈGE |
| F | SUISSE |
| A | TONGA |
| A | TUVALU |

| Code | Pays | Code | Pays | Code | Pays | Code | Pays | Code | ORGANISATIONS |
|---|---|---|---|---|---|---|---|---|---|
| A | HERZEGOVINE | EF | GUINÉE ÉQUATORIALE | F | NIGER | A | SOUDAN | A | AIEA |
| A | BOTSWANA | A | GUYANA | A | NIGERIA | A | SRI LANKA | A | BM |
| A | BRÉSIL | F | HAÏTI | A | NORVÈGE | A | SUÈDE | AF | FAO |
| A | BRUNÉI DARUSSALAM | EA | HONDURAS | A | NOUVELLE-ZÉLANDE | A | SURINAME | AF | FIDA |
| *F | BULGARIE | A | HONGRIE | A | OMAN | A | SWAZILAND | A | FMI |
| F | BURKINA FASO | A | ÎLES MARSHALL | A | OUGANDA | A | TADJIKISTAN | AF | GATT |
| F | BURUNDI | A | ÎLES SALOMON | A | OUZBÉKISTAN | F | TCHAD | AF | OACI |
| F | CAMBODGE | A | INDE | A | PAKISTAN | F | THAÏLANDE | AF | OIT |
| F | CAMEROUN | EA | INDONÉSIE | EA | PANAMA | F | TOGO | AF | OMI |
| AF | CANADA | A | IRAN (RÉP. ISLAMIQUE D') | A | PAPOUASIE-NOUVELLE GUINÉE | A | TRINITÉ-ET-TOBAGO | AF | OMM |
| F | CAP-VERT | A | IRAQ | E*F | PARAGUAY | F | TUNISIE | AF | OMPI |
| EA | CHILI | EA | IRLANDE | A | PAYS-BAS | A | TURKMÉNISTAN | AF | OMS |
| A | CHINE | A | ISLANDE | A | PÉROU | A | TURQUIE | AF | ONUDI |
| A | CHYPRE | A | ISRAËL | A | PHILIPPINES | A | UKRAINE | AF | UIT |
| EA | COLOMBIE | F | ITALIE | A | POLOGNE | EA | URUGUAY | AF | UNESCO |
| F | COMORES | A | JAMAHIRIYA ARABE LIBYENNE | A | PORTUGAL | AF | VANUATU | FA | UPU |
| F | CONGO | A | JAMAÏQUE | A | QATAR | EA | VENEZUELA | | |
| EA | COSTA RICA | A | JAPON | A | RÉPUBLIQUE ARABE SYRIENNE | A | VIET NAM | | |
| F | CÔTE-D'IVOIRE | F | JORDANIE | F | RÉP. CENTRAFRICAINE | A | YÉMEN | | |
| F | CROATIE | A | KAZAKHSTAN | A | RÉPUBLIQUE DE CORÉE | A | YOUGOSLAVIE | | |
| EA | CUBA | A | KENYA | A | RÉPUBLIQUE DE MOLDOVA | F | ZAÏRE | | |
| A | DANEMARK | A | KURGYZSTAN | F | RÉP. DÉMOCRATIQUE POPULAIRE LAO | A | ZAMBIE | | |
| F | DJIBOUTI | A | KUWAIT | | | A | ZIMBABWE | | |
| A | DOMINIQUE | | | | | | | | |
| *F | ÉGYPTE | | | | | | | | |

* ANGLAIS aux missions    EA : ESPAGNOL ou, à défaut, ANGLAIS.    EP : ESPAGNOL ou, à défaut, FRANÇAIS.

TRADUCTION requise :    □ ANGLAIS    □ FRANÇAIS    □ ESPAGNOL

COPIES A RENVOYER A _____    Bureau _____

Instructions particulières :

Signature du fonctionnaire chargé de la correspondance

pération culturelle et technique lors de sa réunion à Versailles en 1968. Elle fut à l'origine du lancement sur le plan international du mouvement de solidarité pour les pays desséchés du Sahel en 1972. Elle a permis la réalisation de divers projets en matière de coopération interparlementaire — en collaboration avec des organisations internationales ou des parlements nationaux.

Lors du sommet de Hanoï, les chefs d'Etat et de gouvernement ont solennellement reconnu (dans la résolution n° 10) « le rôle éminent que l'AIPLF, seule organisation interparlementaire des pays francophones, joue dans la construction et le développement de la francophonie ».

B) *L'Agence francophone pour l'enseignement supérieur et la recherche (AUPELF-UREF).* — L'AUPELF, organisation internationale non gouvernementale, agréée par l'Unesco et fondée en 1961 à l'Université de Montréal, où elle a son siège, est la plus ancienne institution francophone.

Communauté d'institutions d'enseignement et de recherche, l'AUPELF a pour but principal le développement d'une conscience internationale francophone, du partage et de la solidarité en matière scientifique et universitaire, et de favoriser la libre circulation des connaissances et des personnes.

En 1986, le Sommet de Paris des chefs d'Etat et de gouvernement des pays francophones traçait les contours d'une action résolue en matière de francophonie scientifique. L'AUPELF relève ce défi lors du Sommet de Québec en 1987 avec la création de l'Université des réseaux d'expression française (UREF).

Désormais l'AUPELF, devenue en 1990 suite à la réforme de ses statuts l'AUPELF-UREF, est l'opérateur multilatéral privilégié pour l'enseignement supérieur et la recherche. Elle rassemble, sur une base associative, 270 établissements d'enseignement supérieur et de la recherche appartenant à 38 pays.

C) *L'Association internationale des Maires et responsables des capitales et métropoles partiellement ou entièrement francophones (AIMF).* — Créée en 1979, l'AIMF regroupe, sous la présidence de M. Jacques Chirac, maire de Paris, qui en est le fondateur, 75 villes membres qui représentent 40 pays adhérents. Son siège est situé à Québec et son secrétariat permanent à Paris.

L'AIMF a pour but d'une part d'établir entre les maires et responsables des capitales et métropoles qui la composent, grâce à l'usage commun du français, une coopération étroite dans tous les domaines de l'activité municipale, dans les difficultés rencontrées dans le développement urbain, d'autre part de rendre concrète la solidarité entre les municipalités en multipliant entre elles les échanges d'informations et d'expériences de toute nature.

L'AIMF est à l'origine de nombreuses actions menées. Ainsi, elle poursuit avec l'aide du ministère français de la Coopération, la mise en œuvre d'un plan de coopération informatique destinée à équiper quarante villes du Sud, principalement africaines, d'un minimum de moyens de gestion faisant appel à l'informatique.

Enfin, grâce à un fonds de Coopération, qu'elle a créé en 1990 et qui est financé essentiellement par des contributions volontaires des villes du Nord, l'AIMF subventionne des projets de développement dans les villes du Sud.

D) *Le Conseil international des Radios-Télévisions d'Expression française (CIRTEF).* — Créé en 1978, le CIRTEF regroupe 41 membres représentant 30 pays francophones. Organisme associé à l'ACCT, c'est un groupement de professionnels de la radio et de la télédiffusion des pays du Nord et du Sud de la francophonie qui s'associe à la promotion des échanges de produits audiovisuels entre les différents pays francophones.

E) *Le Conseil international de la Langue française (CILF),* dont le président est André Goose et le secrétaire général M. Joly, publie des études francophones et des dictionnaires bilingues.

3. **Le mouvement associatif.** — La francophonie, comme nous l'avons dit, s'est refusée à une organisation structurée à l'exemple du Commonwealth. Le mouvement associatif par conséquent occupe une place primordiale. Il ne saurait être question d'énumérer toutes les associations francophones remarquables tant par leur nombre que par leur diversité. Ce foisonnement d'ailleurs est celui de la vie.

Comme il n'existe pas de droit international des associations privées, elles sont rattachées, selon l'emplacement de leur siège, au droit national particulier. En France, elles obéissent donc à la loi du 1er juillet 1901 — les neuf dixièmes des associations francophones ont leur siège en France. On trouvera dans l'édition internationale de l'*Annuaire de l'AFAL* (Association francophone d'Amitié et de Liaison) la liste détaillée des associations. Ici nous les classerons d'après leur vocation et leur objectif.

A) *Défense et diffusion de la langue et de la culture françaises.* — La Fédération du Français universel, créée en 1946, pour regrouper diverses institutions privées, patronne les manifestations organisées lors de la Biennale de la Langue française.

La Fédération internationale des Écrivains de Langue française (FIDELF). — Créée à Québec en 1982, la FIDELF regroupe vingt et une associations nationales d'écrivains réparties sur trois continents et totalisant plus de 20 000 écrivains d'expression française.

L'Alliance française, dont le rôle international est considérable, date de 1883, et la Mission laïque de 1902.

B) *Regroupements professionnels.* — Ces associations ont pour caractéristiques de regrouper les hommes qui exercent la même profession dans une même langue. Ces associations ont une triple vocation. La solidarité permet la défense des intérêts moraux et matériels de ses membres. Ces organismes favorisent également la recherche, la réflexion collective, la coopération et la diffusion des connaissances et des informations dans les secteurs professionnels concernés. Enfin, ils concourent à la défense et à la propagation de la langue française directement ou indirectement (en effectuant précisément les travaux de recherche et de coopération en langue française ou en luttant pour le droit de travailler en français).

Dans le domaine scientifique, les associations médicales sont particulièrement nombreuses, qu'elles soient d'ordre général ou spécialisées.

La Conférence internationale des Doyens des Facultés de Médecine d'Expression française mène une action de coopération médicale universitaire dans le monde d'expression française et constitue un des réseaux institutionnels de l'UREF.

L'Association nationale des Scientifiques pour l'Usage de la Langue française (ANSULF), de même que la Ligue internationale des Scientifiques pour l'Usage du Français (LISULF) se sont donné pour tâche la promotion du français scientifique.

Le personnel enseignant a formé des associations professionnelles. Il faut mentionner la Fédération internationale des Professeurs de Français (FIPF) où les professeurs chargés de l'enseignement du français dans le monde mettent en commun leurs expériences et leurs recherches pédagogiques. Ses membres se répartissent dans 85 pays. La toute récente création du Réseau international de Recherches en Education et Formation de Langue française (réseau REF) destiné à appuyer la recherche en éducation et formation.

Les associations s'efforcent d'être présentes dans tous les secteurs professionnels où le français doit être utilisé ou promu.

Parmi beaucoup d'autres, citons l'Association des Sociétés de Philosophie de Langue française (ASPLF) qui réunit en congrès biannuels les sociétés de philosophes travaillant en français ; l'Association pour le Français des Affaires (APFA) ; l'Association des Economistes de Langue française ; l'Association internationale des Sociologues de Langue française.

L'Association pour la Diffusion internationale francophone de Livres, Ouvrages et Revues (ADIFLOR) qui recueille et diffuse à titre bénévole des livres dans 50 pays.

L'Association LRF (Livres et Revues francophones) envoie d'importants tonnages de livres et journaux.

L'Association des Ecrivains de Langue française réunit des auteurs du monde entier.

Hors de France : le mouvement national des Québécoises et Québécois réunit des militants de la langue française et de l'identité québécoise ; la maison de la francité à Bruxelles ou le centre Jules-Destrées sont des exemples belges d'innovations francophones. De même le mouvement romand en est un exemple suisse.

L'Institut international de Droit d'Expression française (IDEF) fondé en 1964 regroupe les personnes physiques et morales s'occupant de problèmes juridiques ; l'Union internationale des Journalistes de la Presse de Langue française (UIJPLF) s'efforce de resserrer, à un niveau international, des liens unissant les professionnels de l'information ; l'Union des Editeurs de Langue française (UELF) ; l'Union internationale des Informaticiens francophones (UIIF) ; et l'une des plus récentes, l'Union des Ingénieurs et Techniciens utilisant la Langue française.

C) *L'Association francophone d'Amitiés et de Liaison (AFAL),* qui se définit « réunion internationale d'associations et d'organisations non gouvernementales », couvrant les domaines les plus divers de la francophonie. Elle compte 115 associations membres situées en France et dans d'autres pays — à vocation internationale — auxquelles elle apporte un soutien et assure une réflexion et une information communes. D'une manière générale d'ailleurs, les associations francophones, où que soit leur siège, comportent une majorité de membres qui ne sont pas français et viennent en particulier d'Afrique, d'Amérique du Nord et d'Asie.

L'initiative privée s'est donc largement exprimée par le biais des associations. Ce tissu associatif couvre la presque totalité des secteurs concernés et concourt à ancrer la francophonie dans la réalité. Le travail de réflexion collective élaboré lors d'occasions diverses, la coopération proprement dite, les publications périodiques non seulement montrent quelle est la « capacité francophone » dans les résultats acquis mais permettent également d'informer le public.

Le « sommet » de Dakar a d'ailleurs rendu un hommage particulier au rôle des associations dans la francophonie.

## II. — **Les organismes français**

### 1. **Les secteurs publics.**

A) *Les structures gouvernementales.* — Un ministre délégué à la Coopération et à la Francophonie — délégué auprès du Ministre des Affaires étrangères, car la francophonie est une dimension essentielle de la politique étrangère de la France — est en charge de la francophonie pour plusieurs raisons : le Département ministériel responsable de la coopération est traditionnellement la principale administration contributrice à la francophonie multilatérale (hors TV5) ; la liste des pays bénéficiaires de notre coopération et celle des pays membres de la francophonie se recoupent largement, l'Afrique demeurant au cœur de notre coopération comme de la francophonie, sans que celles-ci s'y résument ; notre coopération libérale et la coopération multilatérale francophone sont très proches par la nature des actions conduites.

*a)* Le Haut Comité de la Langue française, créé par le décret du 31 mars 1966 en Conseil des Ministres et modifié par les décrets du 24 février 1973 et du 11 juin 1980. Antérieurement à 1973 répondant à l'appellation de « Haut Comité pour la Défense et l'Expansion de la Langue française ».

*b)* Le Comité de la Francophonie, créé auprès du Premier Ministre par arrêté du 19 novembre 1973, organe de réflexion et de proposition.

*c)* Le Comité interministériel pour les Affaires francophones, créé le 17 mai 1974 par décret, présidé par le Premier Ministre et regroupant les ministres intéressés par la francophonie.

*d)* La Direction générale des Relations culturelles, scientifiques et techniques, organisme dépendant du ministère des Affaires étrangères ayant pour mission de développer l'action culturelle de la France à l'étranger.

*e)* Le ministère de la Coopération et du Développement dont le cadre géographique d'intervention comprend les Etats francophones d'Afrique situés au sud du Sahara, auxquels se sont ajoutés des Etats lusophones et hispanophones.

*f)* Dans vingt ministères furent instituées, à la suite du décret du 7 janvier 1972 relatif à l'enrichissement de la langue française, des commissions de terminologie.

**Les anciens pays du champ d'action
rattaché maintenant au ministre délégué à la Coopération
et à la Francophonie
et qui comportent encore une mission de coopération
sont les suivants**

| | |
|---|---|
| Angola | Mali |
| Antigue et Barbude | Maurice |
| Bénin | Mauritanie |
| Burkina-Faso | Mozambique |
| Burundi | Namibie |
| Cameroun | Niger |
| Cap-Vert | République |
| Comores | centrafricaine |
| Congo | Rwanda |
| Côte-d'Ivoire | Saint-Christophe |
| Djibouti | et Nièves |
| Dominique | Sainte-Lucie |
| Gabon | Saint-Vincent |
| Gambie | et Grenadines |
| Grenade | São Tomé e Príncipe |
| Guinée | Sénégal |
| Guinée-Bissau | Seychelles |
| Guinée équatoriale | Tchad |
| Haïti | Togo |
| Madagascar | Zaïre |

En 1984, le gouvernement a mis en place un dispositif nouveau pour la gestion des questions de francophonie. D'abord composé de trois organismes (Haut Conseil de la Francophonie, Commissariat général de la Langue française et Comité consultatif de la Langue française). Depuis cette date, une nouvelle modification est intervenue. Par décret du 2 juin 1989 ont été créés — en remplacement du Commissariat général et du Comité consultatif de la Langue française — le Conseil supérieur de la Langue française, le Comité des Ministres consacré à la Langue française et la Délégation générale à la Langue française.

*a) Le ministre de la Culture* a été le 16 avril 1993 chargé de la francophonie.

*b)* *Le Haut Conseil de la Francophonie,* créé par décret (n° 84-171) en date du 12 mars 1984, est un organisme singulier puisqu'il est composé en majorité de personnalités étrangères venant d'une vingtaine de pays ; il conseille le Président de la République française.

C'est un lieu de réflexion qui a pour vocation de préciser le rôle de la francophonie dans le monde et de proposer des perspectives d'actions. La présidence du Haut Conseil est assurée par le chef de l'Etat français, qui désigne ses trente-six membres.

Le Haut Conseil tient des sessions annuelles s'intéressant à des thèmes de réflexion fixés par le Président de la République.

*c)* *Le Conseil supérieur de la Langue française* créé par le décret n° 89-403, en date du 2 juin 1989, est chargé d'étudier les questions relatives à l'évolution et à la diffusion du français. Il a un pouvoir de proposition et de recommandation ainsi qu'un pouvoir consultatif. La Délégation générale à la Langue française, créée en même temps que le Conseil supérieur à qui elle rend compte de son action, a pour rôle de promouvoir et de coordonner les actions des administrations et des organismes publics et privés en faveur de la langue française.

*d)* Le Service des Affaires francophones du ministère des Affaires étrangères est l'unique service administratif doté d'une compétence exclusive en matière de francophonie. Rattaché à la Direction des Affaires politiques, il se trouve placé à la disposition du ministre délégué chargé de la Coopération et de la Francophonie.

*e)* Le ministère de la Coopération et du Développement dont le champ de responsabilité s'étend à 37 Etats d'Afrique et des Caraïbes francophones, créolophones ou lusophones (à l'exception de la Namibie). Il conduit une action de coopération durablement imprégnée par la réalité de la francophonie car c'est le ministère ayant en charge les relations avec le plus grand nombre de pays francophones. Il est doté d'instruments spécifiques dont les plus importants sont le Fonds d'Aide à la Coopération (FAC) et l'assistance technique.

*f)* La Direction générale des Relations culturelles, scientifiques et techniques (DGRCST) du ministère des Affaires étrangères est placé sous l'autorité du secrétariat d'Etat aux Relations culturelles internationales.

*g) Audiovisuel et francophonie.* Aujourd'hui, l'explosion technique et technologique des communications, et par conséquent de l'audiovisuel, à travers le monde, constitue une des étapes essentielles et nouvelles dans la francophonie. D'où la volonté clairement affirmée de mondialiser des programmes télévisuels et radiophoniques français et francophones, par le biais notamment de TV5, CFI et RFI.

1) *TV5, chaîne généraliste,* qui regroupe les programmes des chaînes publiques françaises et francophones d'Europe, du Canada et d'Afrique, est diffusée un peu partout dans le monde, en Europe, en Amérique et en Afrique, ou depuis le 30 septembre 1992, TV5-Afrique a été officiellement lancé à Dakar.

Les contrats conclus par TV5, avec les réseaux câblés de l'Europe de l'Ouest ont augmenté, mais c'est surtout en Europe centrale et orientale que TV5 a su à la fois répondre rapidement aux demandes importantes qui lui ont été faites et prendre des initiatives en acquérant des positions en Roumanie, Bulgarie, Pologne, Tchécoslovaquie, Hongrie.

Ailleurs, sur le continent américain, TV5-Québec-Canada couvre, le Québec et le Canada bien sûr, mais aussi les Etats-Unis, et diffuse depuis 1993 des programmes en Amérique latine, plus particulièrement en Argentine et au Mexique.

Lors du dernier Sommet des chefs d'Etat et de gouvernement des pays ayant la langue française en partage, il a été décidé de favoriser l'ancrage africain de TV5 et de poursuivre les études sur l'extension de TV5 à l'Asie.

2) *Canal France international (CFI) : Un instrument franco-français.* — CFI est une action nationale que la France mène et détermine. Née en avril 1989 d'une idée du ministère de la Coopération qui voulait moderniser la diffusion culturelle en Afrique, CFI a plusieurs fonctions ; comme banque de programmes vis-à-vis d'un certain nombre de télévisions étrangères, parfois elle a presque des fonctions de chaîne d'information, des journaux télévisés en direct à destination des ambassades, des centres culturels..., à la retransmission en direct d'événements en France.

Aujourd'hui, CFI qui était jusqu'à présent financé à 100 % par le ministère de la Coopération, l'est aussi par le ministère des Affaires étrangères, desservant ainsi 70 pays (33 en Afrique, 12 au Maghreb, au Proche-Orient et Moyen-Orient, 9 en Europe centrale et orientale, 9 en Asie, 7 en Amérique latine).

3) *Radio France internationale (RFI).* — RFI émet 24 h/24 des programmes sur les cinq continents, en ondes courtes, par satellites et sur le câble, dans le but de faire entendre des informations et émissions en français et parler de la France dans la langue de l'auditeur.

B) *Les autres organismes du secteur public.* — Citons l'Académie française, bien sûr, qui selon les statuts de 1635 doit « donner des règles certaines à notre langue (...) et la rendre pure, éloquente et capable de traiter les arts et les sciences » — elle a d'ailleurs créé il y a quelques années le Grand Prix de la Francophonie, qui est l'un des prix littéraires les mieux dotés —, l'Académie des Sciences d'outre-mer, le Conseil du Langage scientifique de l'Académie des Sciences — qui a publié en 1982 une étude sur le français langue scientifique — et l'Institut national de la Langue française (INALF-CNRS) dont dépend le Centre de Terminologie et de Néologie (CTN), qui a constitué des bases et des banques de données et se consacre à l'étude de la langue.

L'Académie de Médecine est très attentive à l'usage et à la qualité de notre langue.

2. **Le secteur privé.** — Il est impossible de donner une vue complète de la vie associative française.

Les Associations « Avenir de la Langue française » et « Droit de Comprendre » ont pour objet de veiller à l'application de la loi par la langue française.

Dans le cadre universitaire, il faut signaler l'existence du Centre international d'Etudes francophones à Paris IV, à la Sorbonne et à Paris XIII. En 1990, il a été décidé la fondation d'une Société française des Etudes littéraires francophones. Les associations les plus importantes sont le Centre de Recherche et d'Etudes pour la Diffusion du Français (CREDIF) et l'Institut francophone de Paris.

Enfin, nous citerons parmi les organisations à vocation générale le Comité du Rayonnement français et trois associations religieuses : le Comité catholique des Amitiés françaises et le Comité protestant des Amitiés françaises à l'étranger ainsi que l'Alliance israélite.

Un certain nombre d'organismes privés régis par la loi de 1901 sur les associations s'occupent plus spécialement de terminologie : il s'agit par exemple du Comité d'Etude des Termes techniques français.

Les parcs de la francophonie et l'Association « Forum francophone des Affaires » suivent les problèmes commerciaux et économiques sous la présidence de M. Gentili, représentant économique de nombreux pays francophones.

## Conclusions

Quels enseignements tirer de ce survol des organismes de la francophonie ? L'étendue du champ d'application, la variété et le nombre des secteurs couverts par un organisme ou un autre montrent assez que la solidarité francophone est une réalité active, désormais largement organisée. Elle recouvre des structures dont l'originalité est la grande souplesse et permet une active coopération.

1. **Une diversité nécessaire.** — Il convient d'apprécier cette pluralité. Loin de nuire à la cohérence des actions entreprises, le réseau associatif atteste la vitalité de l'idée de francophonie. Il a également des conséquences pratiques. Par le biais d'associations plus ou moins spécialisées, certains pays qui n'auraient pas accepté d'entrer dans un système unitaire et par conséquent rigide peuvent néanmoins rallier les rangs de la francophonie. L'Algérie trouve ainsi sa place dans les organisations francophones.

De même, échappant à la difficulté juridique, les Valdotains et les Louisianais peuvent mener le combat de la francophonie à l'AIPLF tout comme les Franco-Américains au Conseil de la Vie française en Amérique.

Cette diversité est synonyme d'ouverture sur le monde. C'est ainsi que l'AUPELF est un microcosme des nations grâce aux départements d'études françaises des universités non francophones.

Cette souplesse des structures trouve son point d'achèvement dans ce que nous appellerons « la francophonie spontanée », indénombrable certes mais irremplaçable : celle née de rencontres individuelles, de voyages, de mariages, d'études, d'échanges, de visites ou de lectures, qui, si elle est silencieuse, ne constitue pas moins le gage de vie de toutes les formes d'organisation plus structurées.

On parle et on lit le français dans toutes les grandes villes de la planète. C'est un privilège sans lequel la francophonie risquerait de tourner au ghetto — alors qu'elle est au contraire ouverture sur le monde.

C'est d'ailleurs la reconnaissance de cette vocation œcuménique qui a conduit le secrétaire général de l'ONU à permettre le déroulement d'une assemblée générale de l'AIPLF aux Nations Unies en 1976 et à en ouvrir les travaux.

C'était aussi reconnaître de façon très solennelle l'importance du fait francophone.

2. **Une active coopération.** — La francophonie, nous venons de le voir, n'est pas une idée sans incarnation ; ce n'est pas non plus un ensemble de mouvements et d'actions situés sur le seul plan de l'esprit.

Kennedy disait que « la marée montante soulève tous les bateaux ».

La solidarité des peuples de langue française, de même, a donné une vigueur accrue aux volontés d'identité nationale et multiplié les relations internationales, bilatérales et multilatérales, des pays qu'elle rassemble.

Dans sa mission linguistique la francophonie, nous le verrons au chapitre suivant, a entraîné une activité législative linguistique dans de nombreux Etats.

Dans sa mission éducatrice elle a permis une étude et une reprise des langues nationales, notamment en Afrique.

Dans sa mission culturelle elle a fait entrer les écrivains et les peuples dans un espace de connaissance réciproque, enrichissant leur propre expérience et la culture mondiale ; « la culture française hier, francophone aujourd'hui », disait Malraux à Niamey. Le français permet en effet l'expression de cultures différentes et c'est du choc de ces différences et même des oppositions qu'une vision universaliste de l'homme peut jaillir. Si des nations aussi éloignées dans l'espace et dans leur saisie quotidienne de la réalité que le Québec, le Zaïre, la Belgique et le Liban peuvent communiquer, c'est que les œuvres francophones offrent à la fois une analyse « classique » de l'éternel humain et un constant respect des identités particulières.

Le français a ainsi pu révéler au monde les auteurs de nombreux pays, d'Afrique ou d'ailleurs. Même la révolte anticoloniale et l'affirmation de la négritude ont utilisé le français.

La francophonie est un lieu privilégié de la coopération internationale. Les accords passés entre Etats francophones sont statistiquement plus nombreux et

ENTENTES ET ACCORDS BILATÉRAUX
DE COOPÉRATION CONCLUS
AU SEIN DU MONDE FRANCOPHONE

Pourcentage relatifs de participation d'Etats
ou d'ensembles régionaux

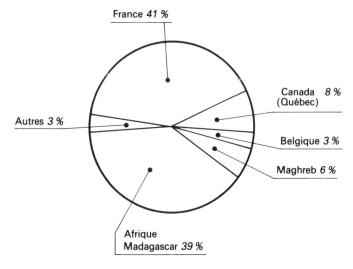

France 41 %

Canada 8 %
(Québec)

Autres 3 %

Belgique 3 %

Maghreb 6 %

Afrique
Madagascar 39 %

plus nourris qu'avec les autres Etats. La francophonie est un facteur actif de coopération directe avec les pays industrialisés mais aussi entre pays en voie de développement.

La coopération française s'est développée avant tout à l'égard des pays de langue française, vers lesquels elle est dirigée pour plus des trois quarts.

Le Canada, le Québec et la Belgique ont différencié et étendu le nombre de leurs interlocuteurs à l'intérieur de la francophonie. Les pays en voie de développement par une coopération horizontale (Sud-Sud) établissent des liens étroits entre eux, notamment par l'envoi de professeurs de français et de techniciens ayant bénéficié de formations locales.

Si l'on analyse les courants commerciaux et économiques, l'on verra qu'une préférence est toujours donnée — lorsque le choix est possible — par les pays de langue française aux produits provenant de l'ensemble francophone.

Ce privilège de la coopération multiplie également les échanges d'hommes et de techniques.

La communauté qu'est la francophonie joue donc son rôle et montre que l'usage d'une même langue peut fonder les solidarités les plus diverses, transformant en liens d'amitié et d'entraide, gages de paix, les rapports entre Etats de nature politique, ethnique ou économique différente.

Les organismes qui la structurent ne sont que l'ossature d'une vie active et multiforme d'échange de produits, d'idées et d'hommes.

Chapitre II

## LES LOIS LINGUISTIQUES

L'étude des lois linguistiques conduit à s'interroger sur le rôle que peut jouer l'Etat à l'égard de la ou des langues pratiquées dans un pays. Quels sont les motifs de telle ou telle politique en matière linguistique, quelles modalités revêt cette action ? Certains dénient à l'Etat tout droit d'intervention dans ce domaine ou affichent le plus grand scepticisme à l'égard des résultats qu'il pourrait obtenir.

L'ambassadeur de Grande-Bretagne, lors de l'entrée de son pays dans la Communauté européenne — et alors que M. Heath s'était engagé auprès du président Pompidou à n'affecter à Bruxelles que des hauts fonctionnaires versés en français —, nous écrivait : « La langue est comme l'eau, elle coule où elle veut. »

Il faut au contraire constater que la volonté des hommes est déterminante, et non la pente du terrain, dans ce domaine, comme dans les autres.

Le Québec et Israël, par exemple, ont illustré cette vérité par la continuité de leur volonté linguistique.

Le contenu des principales lois linguistiques sera étudié en fonction d'un classement géographique.

1. **En France.** — La diffusion du français préoccupe la royauté dès le XVIe siècle. A cette époque, le français se trouvait en concurrence avec le latin et avec les patois.

# BULLETIN DES LOIS
## DE LA RÉPUBLIQUE FRANÇAISE

### ( N° 25. )

( N°. 118. ) *LOI portant qu'à compter du jour de sa publication, nul acte public ne pourra, dans quelque partie que ce soit du territoire de la République, être écrit qu'en langue française.*

Du 2 Thermidor, l'an deuxième de la République française, une et indivisible.

LA CONVENTION NATIONALE, après avoir entendu le rapport de son comité de législation, DÉCRÈTE :

ART. I.er A compter du jour de la publication de la présente loi, nul acte public ne pourra, dans quelque partie que ce soit du territoire de la République, être écrit qu'en langue française.

II. Après le mois qui suivra la publication de la présente loi, il ne pourra être enregistré aucun acte, même sous seing-privé, s'il n'est écrit en langue française.

III. Tout fonctionnaire ou officier public, tout agent du gouvernement qui, à dater du jour de la publication de la présente loi, dressera, écrira ou souscrira, dans l'exercice de ses fonctions, des procès-verbaux, jugemens, contrats ou autres actes généralement quelconques, conçus en idiômes ou langues autres que la française, sera traduit devant le tribunal de police correctionnelle de sa résidence, condamné à six mois d'emprisonnement, et destitué.

IV. La même peine aura lieu contre tout receveur du droit d'enregistrement qui, après le mois de la publication de la présente loi, enregistrera des actes, même sous seing-privé, écrits en idiômes ou langues autres que la française.

*Visé par l'inspecteur.* Signé S. E. MONNEL.

Collationné à l'original, par nous président et secrétaires de la Convention nationale. A Paris, le 3 Thermidor, an second de la République française, une et indivisible. *Signé* P. A. LALOY, *ex-président*; LEVASSEUR ( de la Meurthe ) et BAR, *secrétaires*.

En 1510, une ordonnance de Louis XII prescrit que les enquêtes, les informations et les procédures criminelles soient faites en « vulgaire et langage du pays ».

L'ordonnance de Villers-Cotterêts du 15 août 1539 précise la situation. Les articles 110 et 111 stipulent notamment que, « afin qu'il n'y ait cause de douter sur l'intelligence desdits arrests, nous voulons et ordonnons qu'ils soient faits et escrits si clairement qu'il n'y ait, ne puisse avoir aucune ambiguïté ou incertitude ni lieu à demander interprétation ».

« Et pour que de telles choses sont souvent advenues sur l'intelligence des mots latins contenus esdits arrests, nous voulons d'ores en avant que tous arrests ensemble toutes autres procédures, soient de nos cours souveraines et autres subalternes et inférieures, soient de registres, enquestes, contrats, comissions, sentences, testament et autres quelconques actes et exploicts de justice, ou qui en dépendent : *soient prononcés, enregistrés et délivrés aux parties en langage maternel français, et non autrement.* »

Ces prescriptions sont renouvelées par Charles IX dans l'article 35 de l'ordonnance de 1563, dite de Roussillon. Elles sont en outre étendues à la justice ecclésiastique en 1629. L'usage du français pour les actes publics est ordonné en 1621 pour le Béarn, en 1684 pour la Flandre, en 1685 pour l'Alsace, et 1700 et 1753 pour le Roussillon.

La propagation du français fut d'ailleurs mieux servie par des éléments paralégaux comme la réforme calviniste (Genève publie la *Grammaire* de Jean Garnier dès 1558). L'Etat français prend cependant l'initiative avec, en 1637, la création de l'Académie française, tandis que les grands dictionnaires paraissent au cours du XVIIe siècle (Pomey, 1676 ; Richelet, 1680 ; et Furetière, 1684).

La Révolution française renforce l'ordonnance de Villers-Cotterêts en stipulant par la loi du 2 thermidor an II que « nul acte public ne pourra, dans quelque partie que ce soit du territoire de la République, être écrit qu'en langue française » (*Bulletin des lois de la République française,* n° 25). Un décret du même jour appelle les sociétés populaires « à propager l'établissement des clubs pour la traduction vocale des décrets et des lois de la République et à multiplier les moyens de faire connaître la langue française dans les campagnes les plus reculées ».

Il s'agit, dans l'esprit de la nouvelle République, de cimenter la conscience nationale et de mettre un terme aux particularismes engendrés par « les idiomes anciens, welches, gascons, celtiques, wisigoths, phocéens et orientaux » (Barrère lors de la séance du Comité du Salut public, 8 pluviôse an II). Une loi du 16 fructidor an II en suspend l'exécution. Mais un arrêté des consuls du 24 prairial an XI reprend, en ne visant que les actes publics, les dispositions de la loi du 2 thermidor.

Au XIXe siècle seule la jurisprudence des cours rappelle l'obligation de rédiger en français les actes légaux ou privés. Mais un événement majeur a été au XXe siècle le vote par le Parlement le 25 juin 1992, par la loi constitutionnelle n° 92-554, d'un alinéa à l'article premier, inséré entre la définition de la République et celle de l'emblème national, portant une disposition qui fonde désormais toute action en faveur de notre langue : « La langue de la République est le français. »

La loi du 31 décembre 1975 visait à défendre le « salarié et le consommateur ».

Elle a été mal ou peu appliquée. Un projet de loi instituant l'obligation de la langue française dans les services et organismes publics a été voté en remplacement par l'Assemblée et le Sénat au mois de juin 1994.

Son article premier précise que « la langue française est le lien privilégié des Etats constituant la communauté de la francophonie ».

Son examen avait été précédé par une résolution votée le 16 et 17 mars 1994 par le Conseil permanent de la francophonie :

« Le Conseil se réjouit de la décision du gouvernement français de présenter un projet de loi relatif à l'emploi de la langue française.

« Le Conseil se félicite que la France qui a des responsabilités historiques particulières dans ce domaine prenne ainsi des mesures en faveur du français, langue en partage de l'ensemble de la Communauté francophone. »

2. **En Belgique.** — Actuellement, le français, le néerlandais et l'allemand sont reconnus comme langues officielles.

La Constitution consacre le principe de la liberté linguistique, sauf le droit du législateur d'intervenir dans les matières administratives et en matière d'enseignement. Ces exceptions ont été entendues dans un sens de plus en plus large. Il existe actuellement une réglementation sur l'emploi des langues dans l'administration et dans l'enseignement.

Depuis 1932 a prévalu le principe de l'unilinguisme en Wallonie et en Flandre, et le principe du bilinguisme à Bruxelles, avec toutefois un régime de « facilités » pour les communes proches des frontières linguistiques.

Les limites des territoires linguistiques étant définies à la suite d'un recensement linguistique : celui-ci a été supprimé en 1962 sous la pression de la communauté flamande qui constatait une extension de l'aire francophone ou bilingue principalement à proximité de Bruxelles. Depuis lors existe une frontière linguistique fixée au détriment des francophones : quelque 200 000 d'entre eux habitent au nord de cette limite.

La Constitution révisée en 1970 a consacré l'existence de quatre « régions linguistiques » (trois régions unilingues et une région bilingue) et a interdit au législateur d'en modifier les limites, sauf par vote à majorités qualifiées (majorité dans chaque groupe linguistique et majorité des deux tiers, dans chacune des deux chambres).

Le tracé de cette frontière intérieure est source de contestations, notamment au nord de Liège (Fourons) et dans la périphérie bruxelloise (une quinzaine de communes autour de Bruxelles ont une population francophone importante, parfois majoritaire).

Depuis qu'ont été créés les Conseils des Communautés, la compétence en matière linguistique leur a été transférée, du moins pour les territoires unilingues et à l'exception des communes à « facilités ».

La Communauté française de Belgique a adopté en 1978 un « décret Spaak » qui s'apparente à la loi française du 31 décembre 1975. Il proscrit notamment l'usage du « franglais » et, plus généralement, les emprunts aux langues étrangères qui ne sont pas reconnus nécessaires, par référence à des listes de vocables établies par le Conseil de Communauté.

3. **En Suisse.** — L'article 116 de la Constitution de la Confédération suisse déclare :

« L'allemand, le français, l'italien et le romanche sont les langues nationales de la Suisse.

« Sont déclarées langues officielles de la Confédération : l'allemand, le français et l'italien. »

4. **Le val d'Aoste.** — L'article 116 de la Constitution italienne accorde son autonomie à la vallée d'Aoste. Dans ce cadre, « la langue française et la langue italienne sont égalisées » (art. 38, 1$^{er}$ alinéa du statut du val d'Aoste). Ce qui signifie que la qualification de langue officielle n'est attribuée, dans cette région, ni à l'une ni à l'autre langue (Cour constitutionnelle, arrêt n° 156 de 1969). Cette mesure a renforcé la situation juridique de la culture de langue française dans la population valdôtaine.

Le statut prévoit expressément que les actes publics — exception faite pour les actes judiciaires — peuvent être rédigés aussi bien en italien qu'en français (art. 38, 2ᵉ alinéa). Il prévoit, en outre, que les administrations de l'Etat recrutent, si possible, en vallée d'Aoste, des fonctionnaires originaires de cette région ou qui (en tout cas) connaissent la langue française (art. 38, 3ᵉ alinéa).

5. **Le Canada.** — Dans les Actes de l'Amérique du Nord britannique de 1867 (loi constitutionnelle canadienne), les droits linguistiques sont abordés à l'article 133 qui prescrit la publication de la législation de la juridiction fédérale et de la juridiction du Québec dans les langues française et anglaise. De même, l'usage de ces deux langues est reconnu facultatif au sein du Parlement fédéral et de la législature du Québec.

L'évolution des droits linguistiques a été marquée par l'adoption de la loi sur les langues officielles en 1969. Celle-ci reconnaissait le caractère bilingue du Canada et rendait officiel l'usage du français au niveau du gouvernement fédéral, de ses institutions et de ses organismes publics et parapublics.

Puis, en 1982, par le « rapatriement » de sa Constitution — c'est-à-dire l'obtention du pouvoir d'amender celle-ci détenu jusque-là par le Parlement de Londres —, le Canada s'est doté des instruments de sa pleine souveraineté. A cette occasion a été adoptée la loi constitutionnelle de 1982 qui comprend une charte des droits et libertés.

Dans celle-ci, il est proclamé en son article 16 que « le français et l'anglais sont les langues officielles du Canada ». Elles ont un statut et des droits et privilèges égaux quant à leur usage dans les institutions du Parlement et du gouvernement du Canada. L'égalité des deux langues ne relève donc plus d'une simple loi fédérale.

Le nouveau régime constitutionnel n'a pas recueilli l'accord du Québec (seule province dissidente) qui y voit une atteinte à l'intégrité de ses pouvoirs. La conclusion de l'entente constitutionnelle du lac Meech représentait un compromis (reconnaissant au Québec le statut de « société distincte ») qui n'est pas entré en vigueur, n'ayant pas été ratifié par les provinces du Manitoba et de Terre-Neuve.

6. **Le Québec.** — Au Québec, à la suite de la prise de conscience collective des années 1950-1960 (la « révolution tranquille »), les législations en matière linguistique se sont succédé. La loi 63 en 1968 a ouvert la voie. La loi 22 en 1974 désigne le français comme langue officielle au Québec. Enfin la loi 101, « Charte de la langue française », adoptée en 1977 et remaniée en 1983, est la plus importante. Elle affirme clairement la prééminence du français au Québec. Son article 1$^{er}$ stipule que « le français est la langue officielle du Québec ». 70 % des habitants de Montréal, seconde ville francophone du Canada, parlent français.

Il faut cependant souligner que le contrôle de constitutionnalité, exercé à plusieurs reprises par les tribunaux, a eu raison de l'intégrité de la Charte de la langue française. Ainsi ont été condamnées les dispositions sur l'affichage en français au motif de leur incompatibilité alléguée avec la Charte canadienne des droits et libertés protégeant le droit à la liberté d'expression.

Toutefois la loi 178 de décembre 1988 a rétabli l'unilinguisme français pour l'affichage extérieur tout en permettant l'affichage bilingue à l'intérieur des commerces.

Il a été modifié par la loi 86 du gouvernement libéral, mise en vigueur le 22 décembre 1993, qui a autorisé à nouveau l'utilisation de l'anglais à condition que la langue française « figure de façon nettement prédominante ».

Comme le proclame le préambule de la loi 101 : « Langue distinctive d'un peuple majoritairement francophone, la langue française permet au peuple québécois d'exprimer son identité. » Cette manifestation d'affirmation collective traduite en terme d'instrument législatif représente une contribution capitale à l'histoire de la francophonie.

La victoire du parti québécois aux élections du 12 septembre 1994 peut à nouveau faire évoluer la situation linguistique.

**7. En Louisiane.** — La Convention constitutionnelle de l'Etat de Louisiane, révisant la Constitution de 1921 (Convention dont les membres furent élus, c'est-à-dire qu'ils représentaient aussi bien la population francophone catholique du Sud que la population protestante anglo-saxonne du Nord), adopta à l'unanimité l'article XII (section 4) indiquant que : « The right of the people to preserve, foster and promote their respective historic linguistic and cultural origin is recognized » (« Le droit du peuple à préserver, encourager et promouvoir leurs origines respectives, historiques et culturelles est reconnu »).

Cinq actes de 1968 confortent l'emploi du français en Louisiane et un acte de 1975, l'Acte n° 714, prévoit l'enseignement d'une langue seconde dans toutes les écoles publiques de l'Etat.

**8. L'île Maurice.** — Dans le cadre des articles de la Capitulation (du 3 décembre 1810) il était indiqué que les habitants de l'île conservaient « leur religion, leurs lois et coutumes » (Code Farquar, n° 1). La Proclamation du 5 décembre 1810 (art. 2 du Code Farquar) semble avoir été respectée — au moins jusqu'à l'année 1815. Toutes les lois promulguées à Maurice le furent effectivement en français, hormis 23 d'entre elles qui le furent en anglais et en français.

9. **Les Seychelles.** — La Constitution des Seychelles (1976), bien que faisant de l'anglais la seule langue officielle du gouvernement, introduit cependant un certain nombre de dérogations, sept exactement, qui aboutissent en réalité à admettre une sorte de bilinguisme de fait sinon de droit.

Il faut noter que la plupart de ces lois linguistiques sont récentes : c'est là l'effet de la prise de conscience d'un précieux patrimoine.

Chapitre III

## DÉFIS ET DIFFICULTÉS

La francophonie a pour vocation d'être une solidarité vécue entre les peuples parlant ou utilisant le français. Par là même, c'est une idéologie perturbatrice à l'égard des idéologies nationalistes ou internationalistes. Ajoutons que, dans les Etats où le français est en situation de bilinguisme, la revendication francophone peut être perçue par le pouvoir central comme une menace de déstabilisation si elle est mal conduite ou mal comprise.

Ce défi explique les réactions hostiles suscitées et les condamnations encourues. Cependant, les difficultés ne tiennent pas uniquement aux réactions rencontrées mais également à certaines faiblesses objectives inhérentes à la jeunesse et à l'ambition de l'entreprise.

Les incompréhensions externes et les faiblesses internes doivent être analysées parce qu'elles constituent des obstacles réels et durables issus de réactions profondes qui ont laissé des traces dans l'histoire de la francophonie.

### I. — Les réactions hostiles

1. **Les réactions nationalistes.** — Cette attitude concerne la France elle-même et les divers Etats francophones.

A) *En France.* — Le nationalisme français tel qu'il se présente depuis la Révolution de 1789 se caractérise à la fois par un refus de la différence et par un souci de pureté. Il s'agit donc pour les individus considérés comme sujets juridiques d'un Etat-nation de conserver leur substance (intellectuelle par exemple) issue de la nation française et d'assimiler à leur profit toute substance allogène, et non pas de partager notre bien culturel. Cette incapacité de l'Etat français à considérer les hommes mais seulement les autres Etats a été d'ailleurs à l'origine de nombreuses difficultés dans la construction francophone.

Les administrations françaises fortes de leurs principes admettent difficilement de renoncer à leur exclusivité. Le nationalisme étatique se renforce donc de l'esprit de monopole des services français : les nationalismes administratifs, de « bouton », sont plus restrictifs encore que les réflexes d'Etat.

B) *Les autres pays francophones.* — Les pays récemment dégagés de la tutelle coloniale vivaient l'indépendance comme un passage à l'âge adulte et à l'autonomie culturelle. La francophonie pouvait donc apparaître comme un nouveau cadre, moins visible mais également contraignant. La francophonie serait la recherche d'une sorte de « super-Etat » regroupant tous les francophones sous la domination de Paris.

De même ne redoutait-on pas que la francophonie dans les pays de bilinguisme ne rompît l'équilibre politique ? René Pleven se faisait l'écho de cette crainte (1962) : « La francophonie a un bel avenir si son unique objet est de rapprocher les peuples de langue et de culture communes. Il n'en serait pas de même si elle apparaissait comme un levier politique, un instrument d'influence sur certain ou un moyen de dislocation sur d'autres. »

Cette réaction de méfiance, légitime à l'heure de la décolonisation ou de l'émancipation, reposait sur une incompréhension des buts de la francophonie.

Le discours du général de Gaulle à l'Unesco, lors du vingtième anniversaire de cet organisme, définit l'éthique francophone : « Ce qui inspire à la France une exceptionnelle sympathie pour vos travaux et pour vos actes c'est qu'ils ont pour raison d'être de servir l'unité humaine et que cela répond essentiellement à notre propre vocation (...) la langue française, facteur d'universalité, est un instrument de cette politique d'unité. »

Toutefois, la conjonction du nationalisme français et des nationalismes extérieurs contribua longtemps à freiner l'expansion francophone.

De cette période datent, en contraste, beaucoup de déclarations affirmant la pureté d'intentions de la francophonie.

En 1960, le général de Gaulle, imité ensuite par ses successeurs, reniait toute forme d'impérialisme français : « Le génie du siècle change aussi les conditions de notre action outre-mer et nous conduit à mettre un terme à la colonisation... Il est tout à fait naturel que l'on ressente la nostalgie de ce qu'était l'Empire, tout comme on peut regretter la douceur des lampes à huile, la splendeur de la marine à voile, le charme du temps des équipages. Mais quoi ? Il n'y a pas de politique qui vaille en dehors des réalités » (14 juin 1960).

La position du général de Gaulle au Québec, en 1967, n'a cependant pas toujours été comprise. Le président Coty, en 1958, lors de la passation des pouvoirs au général de Gaulle, disait les remettre au « plus illustre des Français ».

C'est en tant que plus illustre des parlants français, et mandaté par l'enthousiasme du million d'hommes qui s'est pressé pour l'acclamer sur le Chemin du Roi, que le général de Gaulle, par un acte délibéré, a « mis le Québec sur la carte du monde », comme disent les Canadiens, par son fameux discours de l'hôtel de ville de Montréal le 25 juillet.

En appelant ainsi de manière spectaculaire l'attention sur leur situation, le général de Gaulle ce jour-là a eu pleinement conscience de son devoir de solidarité à l'égard de nos frères de souche et de langue française d'Amérique.

Depuis lors le Québec lui-même se souvient qu'il n'est pas seul sur un continent anglophone, mais lié sur le plan culturel à une civilisation mondiale. Les trois présidents de la République française successeurs du général de Gaulle et les gouvernements d'appartenance diverse qui se sont succédé au Québec ont poursuivi la même politique de coopération directe et de solidarité culturelle. Il s'agit donc bien là non pas d'une foucade d'un grand homme mais de la politique de la France et de celle du Québec.

La légitimité de ces liens directs, d'abord contestée, a été reconnue par le gouvernement fédéral canadien de M. Mulronay.

## 2. **Les réactions internationales.**

A) *L'idéal du mondialisme.* — Dans la mesure où la francophonie est un internationalisme authentique, elle est entrée en concurrence avec d'autres idéologies qui prétendent ou prétendaient également à l'universel, comme les divers mondialismes, qui refusent la différence nationale au profit d'une uniformité chimérique.

B) *Le marxisme.* — Le marxisme rayonnant apparut parfois comme un adversaire de la francophonie, dans un cadre politique, puisqu'il prétendait également à l'universel. Toutefois la guerre attendue entre les francophones et les « fils de Marx » n'eut pas lieu, la francophonie se situant au-delà des causes de combat puisqu'elle ne revendique pas le pouvoir.

Pour le marxisme, internationalisme de classe, la langue n'était pas une valeur absolue mais seulement un moyen. La francophonie n'apparaissait donc aux marxistes que comme le masque ou l'alibi d'une politique néo-impérialiste. Or, après avoir vainement attendu que la francophonie abandonne son visage culturel pour montrer ses desseins politiques, force fut de faire taire les soupçons et les critiques.

Le marxisme a finalement considéré la francophonie comme une situation des « services mutuels ». Son attitude a d'ailleurs considérablement évolué puisque les analyses critiques ne visaient plus, vers la fin des années 1970, ses buts mais son efficacité réelle, l'insuffisance de l'aide gouvernementale et la menace anglophone.

C) *L'internationalisme anglophone.* — L'anglophonie s'annonce volontiers comme le moyen de l'expression universelle. On peut tenter de résumer les arguments mis en avant. L'anglo-américain a conquis les domaines scientifiques et techniques, il est plus ou moins bien parlé dans un grand nombre de pays. Il paraît dès lors naturel d'intensifier son usage et pourquoi pas d'en faire une langue quasiment universelle puisqu'il représente déjà une puissance universelle. Alors serait réalisé ce vieux rêve de l'humanité : avoir une langue universelle qui unifierait le langage et la communication. L'anglais deviendrait en quelque sorte le latin du XXᵉ siècle : les autres modes d'expression, les autres phonies seraient frappés de vieillesse, ils retarderaient par rapport à un calendrier de l'histoire qui ne pourrait s'écrire qu'en anglo-américain.

En réalité, le conflit entre la francophonie et l'anglophonie n'eut pas lieu car les terrains ne sont pas les mêmes et la bataille serait nuisible aux deux parties.

L'anglais répond certes à une extension géographique mais son universalisme tient principalement à un besoin de commodité. Les fondements de la francophonie en revanche sont à la fois géographiques, historiques et culturels. Le sens des différences et la volonté de les transcender, qu'elles s'appellent « négritude », « arabité », « francité » ou autrement, caractérisent la francophonie.

Comme l'indiquait très clairement le président Senghor (17 mars 1967, Dakar) : « La francophonie ne s'oppose pas. Elle ne va pas en guerre contre le monde anglo-saxon ni contre le monde slave. Nous pensions, nous Négro-Africains, en tout cas nous Sénégalais, non pas en termes d'opposition, en termes de dichotomie mais en termes de symbiose, en termes de complémentarité. »

Et puis la langue française n'est pas seulement un moyen de communication commode : elle véhicule des valeurs ; comme le disait un ministre tunisien de façon très imagée : « L'anglais c'est le téléphone, le français c'est un système culturel de référence. »

Les rapports entre la francophonie et l'anglophonie sont donc dépourvus d'ambiguïté. La francophonie est ouverte, intérieurement et extérieurement ; elle reconnaît l'existence d'une sphère anglophone. Elle exige simplement la réciprocité des droits accordés à l'anglais et la fin de certains excès ou de certains manques comme à l'ONU.

Les langues et les cultures doivent agir en complémentarité. Telle est la position francophone pour que soient préservés l'équilibre et l'harmonie, car ainsi que le déclarait Georges Pompidou : « Si nous reculons sur notre langue, nous serons emportés purement et simplement. » Toutefois d'autres difficultés, internes cette fois, nuisent à la francophonie.

## II. — **Les faiblesses objectives**

Celles-ci tiennent à la relative jeunesse de la francophonie, à son originalité structurelle et surtout au fait qu'elle n'est pas très bien connue du public, peu soucieux de la défendre (en France en tout cas).

1. **Les défaillances francophones face à l'anglais.** — Quelles sont les faiblesses internes de la francophonie ? Tout d'abord les moyens mis en œuvre sont insuffisants. Cela est particulièrement vrai dans le domaine de l'édition, d'où la demande constamment réitérée de création d'un Office de Publications scientifiques de Langue française, malgré les initiatives intéressantes prises dans ce domaine par les sommets francophones (telle la création de la collection francopoche). De même les crédits affectés à la diffusion des journaux, des revues et des livres français à l'étranger sont insuffisants ; certains diminuent. Le réseau de distribution est également trop peu développé. L'ensemble des exportations de livres de la Belgique, du Québec, de la France et de la Suisse représentent, par exemple, un cinquième des exportations américaines en ce domaine.

D'autres éléments sont d'ailleurs à examiner, comme le domaine et le niveau de la recherche considérée. En mathématiques où les chercheurs français sont en pointe, la concurrence entre l'anglais et le français n'existe pas, comme en témoigne Laurent Schwartz. « La plupart des mathématiciens français publient leurs travaux dans les revues françaises ou étrangères en français. Cela tient à ce que la France occupe l'un des tout premiers rangs dans la mathématique mondiale. Elle peut donc, dans un certain sens, imposer ses conditions. Un étranger ne peut faire de mathématiques valables s'il ne peut pas lire de publications en français : donc, le mathématicien français, écrivant en français, sait qu'il sera lu. »

Les efforts — déjà entrepris — doivent donc continuer de porter sur l'organisation matérielle : expansion et diffusion des éditions en langue française qu'il s'agisse de livres, de revues ou d'articles, ainsi que sur les réflexes, par le phénomène d'une prise de conscience toujours plus grande telle que l'incarne par exemple Etiemble. Tant que l'on n'aura pas créé quelques revues de haute valeur, en français (à l'image des publications franco-québéboises *Médecine-Science* et la revue des *Sciences de l'eau*), et que l'on ne cessera pas de supprimer celles qui subsistent encore — l'on se rappellera la polémique suscitée autour de la suppression des *Annales* de l'Institut Pasteur — associé par exemple aux autres langues européennes, la dégradation se poursuivra.

2. **La relative faiblesse de l'ensemble francophone.** — L'étude des structures a montré en quoi la francophonie n'était pas un Commonwealth, la force relative de l'ensemble francophone est d'ailleurs moindre que celle du Commonwealth.

Le paradoxe de certaines situations ne fait qu'accroître les problèmes : le Québec, par exemple, un des hauts lieux de la francophonie, est une province canadienne. De plus, les minorités de langue française vivant hors du Québec doivent travailler en anglais et donc s'assimiler (ce qui confirme la loi selon laquelle le bilinguisme joue finalement en faveur du groupe le plus nombreux de l'ensemble). C'est ainsi qu'au Nouveau-Brunswick, qui est la province la plus bilingue du Canada, 20 % des francophones d'origine ne pratiquent aujourd'hui plus que l'anglais.

Economiquement parlant, l'ensemble des pays francophones n'est pas riche et le sous-développement caractérise le plus grand nombre de ces pays. Les pays les plus peuplés de l'Organisation de l'Unité africaine (OUA) sont anglophones.

C'est bien un ensemble déséquilibré qui rassemble des pays riches et développés et d'autres en voie de développement. Le président L. S. Senghor déclarait à cet égard qu'il y a du côté du « donner » la France, la Belgique, le Canada rejoints maintenant par la Suisse et tous les autres du côté du « recevoir ». Cette relative pauvreté a pu faire dire aux pessimistes que la francophonie était un « groupement d'insolvables ».

Linguistiquement, la francophonie peut sembler reposer sur une ambiguïté puisque, parmi ces pays, seule la France est entièrement de langue française (avec Monaco) alors que les autres pays sont partiellement francophones par le biais des minorités (en Belgique, au Canada et en Suisse) ou bilingues (officiellement ou de fait) comme en Tunisie et au Maroc. De plus, les francophones essentiels ne sont pas tous regroupés dans les organes prévus à cet effet. L'Algérie, par exemple, ne figure qu'au niveau des associations privées.

3. **La francophonie : une réalité en devenir.** — La méconnaissance de la réalité francophone a constitué un obstacle de taille. En effet, bien que la francophonie ait existé et agi efficacement, elle était mal connue du public, ce qui était un des principaux obstacles à son épanouissement. Elle l'est moins aujourd'hui. Le Français, qui vit au centre de sa langue sans que cette dernière lui pose un problème, n'est pas toujours conscient, comme le Québécois ou le Wallon, de l'existence et de l'enjeu du problème linguistique. Il s'agit donc de continuer à sensibiliser l'opinion, de poursuivre la prise de conscience opérée d'abord chez les intellectuels puis chez les hommes politiques de tous partis et finalement auprès du grand public. La tenue des sommets francophones est à cet égard, avec le haut degré de visibilité médiatique qu'elle entraîne, très bénéfique.

L'ensemble des manifestations culturelles francophones qui se succèdent à un rythme accéléré depuis ces dernières années — que l'on songe par exemple aux « Francofolies », ce festival de chansons franco-phones qui se tient chaque année à La Rochelle mais aussi au Québec, aux nombreuses manifestations litté-raires (concours, remises de prix, etc.) ou à la mise sur pied du réseau de télévision francophone TV5 qui émet en Amérique du Nord et en Europe et demain en Afrique — contribuent à ancrer de manière durable dans l'opinion publique le sentiment d'appar-tenance à l'espace francophone.

L'Education nationale a fait entrer l'espace et la littérature francophones dans les programmes de l'enseignement secondaire.

Les pouvoirs publics ont d'ailleurs mis en place, nous l'avons vu, une infrastructure cohérente destinée à coordonner et encadrer ce mouvement de prise de conscience francophone.

Ayant dépassé le stade de la recherche, et malgré l'insuffisance de ses moyens, la francophonie doit désormais travailler à sa propre promotion et à son rayonnement.

**Diffusion de TV 5 (la télévision francophone formée de programmes issus des télévisions française, canadienne, belge et suisse)**

| | TV 5 |
|---|---|
| Belgique | 1,6 million de foyers abonnés au câble reçoivent TV 5 en Wallonie. Belgique (RTBF) partenaire de TV 5. |
| Bulgarie | Diffusion hertzienne sur Sofia, Pourvid, Bourgas et plusieurs autres villes. Démarrage sur le câble. |
| Cambodge | TV 5 est captable depuis le satellite Statsionar. |
| Canada | CTQC partenaire de TV 5. 5 millions de foyers abonnés au câble reçoivent TV 5 (56 % de pénétration dans le Canada anglais). |
| Québec | 1,7 million de foyers abonnés au câble reçoivent TV 5 sur le service de base (# 100 % de pénétration). |
| Nouveau Brunswick | 87 000 foyers abonnés au câble reçoivent TV 5. |
| Dominique | Les programmes de TV 5 Amérique latine et Caraïbes peuvent être reçus du satellite Panamsat. |
| Egypte | Réception de TV 5 du satellite Eutelsat II FI par antenne parabolique. |
| Laos | TV 5 captable par antenne parabolique depuis le satellite Statsionar. |
| Liban | Rediffusion de TV 5 par la société câblevision sur son réseau MMDS. |
| Louisiane | TV 5 est diffusée plein canal (2 heures quotidiennes seulement dans le reste des Etats-Unis) sur le réseau câblé de Lafayette (30 000 foyers abonnés). |
| Luxembourg | 83 000 foyers abonnés au câble reçoivent TV 5. |
| Maroc | La multiplication des antennes paraboliques favorise la reprise de TV 5 du satellite Eutelsat II FI où se trouve également la chaîne arabophone MBC et Euronews. |
| Maurice | TV 5 captable par antenne parabolique depuis le satellite Statsionar. |
| Moldavie | Diffusion hertzienne de TV 5 dans la ville de Chisinau et ses environs par la télévision moldave. |
| Nouvelle-Angleterre | 236 000 foyers abonnés reçoivent dans le Massachusetts le module de TV 5 de deux heures diffusé aux Etats-Unis. |
| Roumanie | TV 5 diffusée en hertzien sur Bucarest et ses environs ainsi qu'à Craiova. |
| Sainte-Lucie | 20 000 abonnés sur les réseaux câblés en construction reçoivent TV 5. Programmes de TV 5 captables du satellite Panamsat. |
| Suisse | SSR partenaire de TV 5. 1,3 million de foyers abonnés au câble reçoivent TV 5. |
| Tunisie | TV 5 est captable par antenne parabolique via le satellite Eutelsat II FI. |
| Vietnam | TV 5 captable depuis le satellite Statsionar. |

# AVENIR
# DE LA FRANCOPHONIE

## Chapitre I

## LA COMMISSION D'ENQUÊTE
## SUR LA POLITIQUE
## DE LA LANGUE FRANÇAISE

L'Assemblée nationale, à l'initiative de ses quatre groupes politiques et pour trois d'entre eux (RPR, UDF, PS), dans des textes presque identiques, consciente de la nécessité d'éclairer la situation de la langue française et de définir une politique de son développement, a adopté, le 10 décembre 1980, une résolution créant une Commission d'enquête sur la langue française.

Une telle procédure d'enquête remet à l'Assemblée des pouvoirs comparables à ceux d'une instance d'instruction : évocation des documents, convocation de tout citoyen français, y compris les ministres, audition de personnalités étrangères, contrôle sur pièce et sur place, envoi de missions hors de France. Elle est exceptionnelle.

Dans notre histoire elle ne trouve de précédent en matière de langue que dans l'enquête menée par l'abbé Grégoire pour le compte de la Convention en l'an II de la République, qui donna lieu le 16 prairial à son rapport sur « La nécessité d'établir l'uniformité dans la langue française. »

La Commission d'enquête lança un appel qui entraîna de nombreuses réponses, témoignant du souci de l'opinion française :

L'Assemblée nationale, le 10 décembre 1980, à l'unanimité de ses groupes politiques et de ses membres, a décidé la création d'une Commission d'enquête sur la langue française en France et dans le monde.

La loi du 2 thermidor an II de la République a établi le français comme langue officielle de la France et de ses actes publics.

Notre langue, véhicule de nos valeurs de culture et de liberté, fonde avec notre sol l'identité nationale.

C'est pourquoi nous faisons appel à tous les citoyens français pour apporter à notre Commission leur témoignage sur la qualité et l'usage de notre langue dans leur vie personnelle et professionnelle.

Nous avons besoin de votre témoignage et de vos suggestions pour mener à bien notre tâche, au service de l'unité de notre pays et de sa présence dans le monde.

Nous vous prions donc de les adresser à la Commission d'enquête sur la langue française à l'Assemblée nationale.

*Le président :*

Xavier Deniau, député du Loiret, apparenté RPR.

*Les vice-présidents :*

Charles Ehrmann, député des Alpes-Maritimes, UDF.

Louis Mexandeau, député du Calvados, socialiste.

*Les secrétaires :*

Mme Hélène Constans, député de la Haute-Vienne, communiste.

M. Pierre Lataillade, député de la Gironde, RPR.

*Le rapporteur :*

M. Pascal Clément, député de la Loire, UDF.

La Commission entendit plus d'une centaine de personnalités françaises et étrangères, dont le Premier Ministre et plusieurs membres du gouvernement, envoya plusieurs missions à l'étranger et effectua deux contrôles sur pièce et sur place à Air France et au CNRS (ceux-ci furent à l'origine d'un nouveau règlement linguistique à Air France et d'une modification des règles d'usage des langues au CNRS).

Dans son rapport, en matière de francophonie, elle déclare :

> « La Commission a été inspirée par la volonté de défendre le français dans les institutions internationales et par le souci de proposer aux communautés francophones du monde entier l'appui qui se révèle nécessaire tout en recherchant avec elles des échanges enrichissants, le français n'étant pas la propriété de la France mais étant celle de tous ceux qui l'emploient. L'idée maîtresse de la Commission en la matière est de faire en sorte que le français participe au nécessaire épanouissement de toutes les cultures du monde et contribue à éviter l'appauvrissement qui résulterait pour l'humanité de la prédominance généralisée d'une seule langue. »

Elle déclare également :

> « L'établissement de liens privilégiés avec les pays de langue française doit représenter une dimension essentielle de notre politique étrangère et de notre action culturelle hors de France. »

Les conclusions et recommandations de la Commission publiées le 15 mai 1981 ont donc eu pour but de définir, comme le lui prescrivait son mandat, une politique de la francophonie en France et dans le monde.

### CONCLUSIONS ET RECOMMANDATIONS
#### DE LA COMMISSION D'ENQUÊTE PARLEMENTAIRE SUR LA LANGUE FRANÇAISE

La Commission a considéré qu'une politique de protection et de développement de l'usage de la langue française ne pouvait être conçue et menée sans une ferme volonté politique.

La Commission a également considéré que cette politique devait être de la responsabilité du Premier Ministre.

Seul, en effet, ce dernier peut définir une stratégie du français et veiller à son application à travers des structures ministérielles diverses et changeantes.

Enfin, la Commission a estimé que le Premier Ministre devait, pour la préparation et l'exécution de ses décisions, être assisté d'une délégation générale de la langue française.

A côté de cette orientation générale fondamentale, la Commission a retenu un certain nombre de recommandations. Celles-ci, dans leur diversité, touchent à de nombreux secteurs et domaines et leur mise en application aurait pu avoir des effets favorables immédiats.

Ainsi, concernant la francophonie et les institutions internationales, la Commission a estimé :

« 42. Les réunions périodiques des ministres francophones doivent être généralisées.

« Un secrétariat permanent assurant la préparation et la mise en œuvre de leurs décisions doit être créé ; il pourrait être installé à Dakar à partir du secrétariat permanent des réunions des ministres de l'Education, de la Jeunesse et des Sports.

« 43. La participation de l'Etat aux actions menées par les organisations et associations francophones de coopération doit être accrue et assurée d'une manière contractuelle.

« 44. Le gouvernement doit renouveler à l'ensemble de nos représentants auprès des organisations internationales des instructions très précises leur demandant de veiller avec la plus grande vigilance au respect des dispositions et usages concernant la place et l'emploi de la langue française.

« 45. Les représentants français doivent, chaque année, dans un rapport spécial, rendre compte des interventions qu'ils auront été amenés à faire à ce sujet ainsi que la suite qui leur a été donnée.

« 46. Nos actions de coopération bilatérales et le montant de nos contributions volontaires dans les programmes où la participation de la France ne correspond pas à sa place dans la vie internationale doivent être évalués en tenant compte à la fois de leur efficacité et de leur incidence culturelle et linguistique.

« 47. Le recrutement et le déroulement de la carrière des fonctionnaires francophones doivent être favorisés dans les organisations internationales par la rapide mise en œuvre des recommandations présentées par le rapport de M. d'Aumale.

« 48. Des groupes réunissant, dans chaque organisation internationale, les représentants des Etats membres francophones doivent être développés et leurs initiatives favorisées.

« 49. Les associations de fonctionnaires francophones doivent être développées au sein des organisations internationales et leur activité encouragée par l'attribution des moyens nécessaires.

« 50. La concertation des pays francophones pour la mise en œuvre d'une action commune dans le domaine de la langue et de l'éducation doit être recherchée et devenir un élément important de notre action culturelle à l'étranger.

*Conclusions générales*

« 52. Se refusant à encourager un monolinguisme appauvrissant, la France doit contribuer, dans tous les domaines, à l'affirmation du pluralisme des langues et des cultures, fondement des personnalités nationales.

« 53. La Communauté de langue française doit être conçue autour de procédures souples organisant les liens privilégiés entre les peuples de langue française.

« 54. La Commission insiste tout particulièrement sur la nécessité d'une liaison constante et ordonnée de notre politique de la langue française dans le monde et en France même.

« C'est à ce prix que pourront être acquises une efficacité et une crédibilité de notre volonté politique d'assurer le développement de notre civilisation. »

L'avenir de la francophonie dépend largement de l'intérêt actif pour ces conclusions qu'ont manifesté les pouvoirs publics français et qu'ils contribueront activement à mettre en œuvre. Il nous appartient d'y veiller.

Nous avons fait de grands pas sur le bon chemin ces dernières années. Il faut poursuivre.

Chapitre II

## PROJET POUR LA FRANCOPHONIE

La francophonie n'est pas un projet achevé : elle
est un combat culturel permanent par lequel il
convient d'assumer notre identité, qui est toute
d'indépendance et de solidarité mais aussi d'originalité et de refus du nivellement.

Les francophones ont franchi une étape importante
de leur mission mais à la recherche de la respectabi-
lité du fait francophone doit succéder un effort
d'approfondissement et d'affinement des buts que la
francophonie s'est assignés.

Une culture, disait André Malraux dans son allo-
cution de Niamey (17 février 1969), « c'est avant tout
une volonté. J'ai écrit, jadis, la culture ne s'hérite pas,
elle se conquiert. Ce qui doit nous unir, c'est l'objet
de cette conquête. La francophonie est une conquête
permanente. Elle doit aussi être une volonté de
chaque jour ».

Comment une langue mal connue et mal parlée
dans notre pays pourrait-elle fonder une solidarité
internationale ? Une langue qui renoncerait à être le
support de la recherche dans l'ordre de l'esprit
comme dans celui de la science au plus haut niveau
pourrait-elle prétendre être présente au monde de
demain ? Selon la formule du conseiller d'Etat Pierre
Laurent, si le français cessait d'être la « langue du
développement », que serait-il aux yeux de nos parte-
naires africains, sinon une langue morte ?

La langue française doit être valorisée ; l'idée francophone doit continuer à progresser. Non seulement parce qu'elle sert notre nation, mais aussi parce qu'elle est le ressort d'un humanisme pour l'avenir.

## I. — **Valoriser**

Le support de la francophonie est la langue française ; elle doit être traitée avec soin par tous les Etats intéressés à sa qualité et à sa promotion, à commencer par la France.

Voici ce que dit, à cet égard, l'Académie française dans sa déclaration du 30 avril 1981, adressée à la Commission d'enquête parlementaire.

« L'Académie en effet s'inquiète, depuis plusieurs années déjà, de la détérioration continue de la langue parlée et écrite, de même que de l'affaiblissement de la situation du français dans le monde.

« Gardienne du bon usage, l'Académie déplore l'abaissement général des études de français, à tous les degrés de l'enseignement, abaissement qui lui paraît dû à l'expérimentation de méthodes pédagogiques contestables, à une insuffisance d'attention et d'exigence pour ce qui regarde l'orthographe, la grammaire et la syntaxe, au discrédit porté sur la lecture et la récitation, à l'oubli du rôle formateur des grands textes littéraires, à la régression des disciplines telles que l'histoire, la géographie, le latin, qui sont excellemment préparatoires à une bonne expression écrite ou parlée.

« Elle rappelle que l'aptitude à la description exacte des choses et à la traduction exacte des idées est indispensable dans les domaines scientifiques comme en tous autres.

« L'Académie constate en second lieu l'influence délétère exercée sur la langue par les moyens de communication, notamment audio-visuelle. Elle a noté, comme chacun peut le faire, que certains utilisateurs de ces moyens introduisent journellement dans des millions d'oreilles, dont beaucoup enfantines ou adolescentes, des habitudes de mauvais langage : prononciations défectueuses, mépris des formes syntaxiques les plus élémentaires, termes impropres ; c'est là une des causes évidentes de la détérioration de la langue.

« On s'est longtemps efforcé de parler le français comme on doit l'écrire ; aujourd'hui on s'ingénie à l'écrire comme on ne devrait pas le parler. Cela contribue à faire perdre au français la primauté et l'universalité qu'il eut.

« L'Académie attire également l'attention sur la déplorable qualité de la langue administrative. Manque de clarté quand ce n'est pas obscurité, lourdeurs, impropriétés, abus de néologismes inutiles ou d'expressions étrangères caractérisant trop souvent les documents administratifs. Il est regrettable que l'Etat ne soit pas plus attentif à la rédaction des textes officiels, et particulièrement des circulaires et règlements.

« Enfin, l'Académie s'élève contre un certain esprit démissionnaire et une tendance néfaste à abandonner, en maintes circonstances, l'emploi du français au profit de l'anglais ou de l'anglo-américain. Cet état d'esprit démissionnaire est spécialement notable dans les secteurs de la publicité, de la technologie, de la communication scientifique et des échanges internationaux. Aussi l'Académie réprouve que des firmes françaises renoncent au français pour assurer la diffusion, en France même, de leurs produits ou de leurs services ; elle regrette que des diplomates ou des représentants d'intérêts dans les conférences ou réunions internationales puissent choisir, sans nécessité absolue, de s'exprimer dans une autre langue que la nôtre ; elle tient pour gravement préjudiciable à l'ensemble de la culture francophone que des savants cessent d'utiliser le français pour faire connaître les travaux de la science française ; elle s'étonne enfin que les pouvoirs publics subventionnent des colloques universitaires tenus en France et d'où le français est banni. »

Le Québec a obtenu par un effort constant sur la qualité du français parlé à la télévision et à la radio une amélioration spectaculaire de la langue courante : c'est un exemple méritoire.

Ce n'est pas en tolérant le franglais, ou une langue défectueuse, que nous pourrons conserver l'identité francophone.

## II. — **Progresser**

Une idée ne vit que si elle se modèle ou s'adapte à son environnement. La francophonie doit approfondir ses objectifs, découvrir de nouveaux moyens d'action, renforcer ceux qui la servent déjà.

Conservant son rôle traditionnel dans l'enseignement et la culture, elle doit conquérir les secteurs scientifiques, financiers et économiques où l'anglais a droit de cité.

Le français n'est pas moins que l'anglais la langue des « temps modernes ». Les qualités structurelles que l'on reconnaissait spécifiques à la langue française au XVIIIe siècle n'ont pu disparaître ; à cet égard, Voltaire écrivait dans le *Dictionnaire philosophique* que « le génie d'une langue — et il entendait celui du français — est son aptitude à dire de la manière la plus courte et la plus harmonieuse ce que les autres langues expriment moins heureusement ».

Toutefois, la francophonie ne peut être détournée de ses objectifs ; elle n'a pas à servir les stricts intérêts de la France ; elle doit répondre également aux besoins des peuples formant la communauté francophone. Elle est, et doit être, un lieu privilégié d'échanges et de coopérations techniques, économiques et culturels.

L'éclatement du système international et son caractère irrationnel suscitent de nouveaux désirs d'alliance qui ne peuvent se fonder sur l'esprit de compétition économique. Le primat de l'économie véhiculé en Occident constitue le plus sûr dissolvant des cultures nationales. Les peuples ne se lient pas sur un mode de production.

Seul le projet culturel peut contribuer à rapprocher des hommes artificiellement éloignés par les systèmes de croissance.

Et, nous dit Lévi-Strauss (dans son *Anthropologie structurale*) : « Un modèle culturel unique serait un danger majeur pour l'espèce. La civilisation mondiale ne saurait être autre chose que la coalition à l'échelle mondiale de cultures préservant chacune leur originalité. »

S'il y a un sens à l'histoire, il n'y a donc aucune raison pour que la francophonie en soit exclue.

La communauté linguistique est une des formes et probablement la plus importante de toutes les formes de communautés, parce qu'elle ouvre l'accès aux demeures de l'esprit et de la culture.

Elle occupe donc une place à part : toute vie spirituelle et toute vie humaine ne peuvent s'éveiller qu'avec la langue. Mais cette alliance culturelle devait-elle être le support d'une alliance politique ?

Les événements l'ont prouvé. Les États francophones ont ressenti le besoin de se doter d'un prolongement politique pour assurer l'avenir de la francophonie en instituant la concertation au plus haut niveau.

### III. — Un humanisme pour demain

Le charisme de notre langue réside en ce que Rivarol et Senghor puissent définir chacun deux francophonies aussi différentes qu'exactes. C'est là une constante de notre génie et la vraie justification de son universalité.

Abrégée du monde puisqu'elle comprend tous les continents, toutes les races, toutes les religions, la francophonie tend à l'universalisme.

L'espoir placé en la francophonie repose sur une perception réaliste des grands changements historiques du monde contemporain : antagonismes et complémentaristes entre pays développés et pays en voie de développement, quête de nouvelles valeurs ou redécouverte des vertus de l'enracinement culturel, l'avenir de la francophonie coïncide avec les aspirations des peuples du monde entier.

La francophonie puise sa force dans l'histoire de notre nation et dans celle des autres peuples qu'elle regroupe : la Déclaration des Droits de l'Homme de 1789 sur le modèle de laquelle a été conçue la Déclaration universelle de 1948 fut un instrument de libération des peuples et, comme le rappelait volontiers le président Bourguiba, de très nombreux combattants tunisiens pour l'autodétermination de leur peuple sont issus du collège franco-arabe Sadiki de Tunis, où se rejoignaient deux civilisations majeures.

Jacques Rabemananjara, ministre des Affaires étrangères de Madagascar, à Niamey en février 1969, lors de la constitution de l'ACCT, déclarait à cet égard : « Intellectuels africains et malgaches, nous avons délibérément choisi "la langue française" au cours des années qui précédèrent la décolonisation pour livrer au monde notre message d'hommes exploités, d'hommes avides de liberté et de dignité (...). Il en a été ainsi parce que l'usage du français pour nous est un réflexe. Nous nous défendions d'être des Français assimilés, mais nous avions assimilé la langue française. »

La décolonisation appartient au passé. La langue française qui fut l'instrument d'une colonisation, puis d'un combat contre la métropole, est devenue l'instrument d'une nouvelle solidarité. La francophonie est l'une des réponses à la solitude des peuples : François Mitterrand disait aux Corses que « celui qui s'enferme dans sa langue locale s'enferme dans sa pauvreté ». L'émergence dans les déclarations des organisations internationales du concept d'« interdépendance » est significative autant des nouvelles orientations que l'on veut assigner au système international que des nouvelles exigences auxquelles nous devons répondre.

Le devoir de solidarité est œuvre de justice. Il correspond aussi à une nécessité. Point d'ancrage des traditions et lieu de fraternité, la francophonie est une aventure promise à la réussite puisqu'elle est la rencontre d'une grande idée, de grands formulateurs et d'une vaste réalité.

Nous devons, nous francophones, être des témoins actifs au partage moderne du monde qui n'est plus celui des terres, comme au temps du pape Urbain IV et de François Ier, mais celui des idées, des progrès et des techniques. Aucune clause du testament d'Adam ne nous exclut de ce partage.

La France et les autres peuples francophones trouvent, dans la chaleur de l'amitié, au sein de la francophonie, une dimension géographique et démographique qui leur fait individuellement défaut.

De plus, notre pays, dont l'identité nationale ne réside ni en son ethnie ni en un modèle politique singulier, est appelé à s'affirmer grâce à sa langue, véritable talent, avec laquelle il peut instaurer un partage de sa culture et assurer un dialogue avec les peuples du monde. Nous n'avons pas le droit, nous dit la parabole, d'enfouir notre talent.

L'idée et l'espoir de la francophonie de ceux qui à travers tous les pays s'y adonnent comme à une ardente obligation sont au contraire de la faire fructifier en commun.

Jacques Chirac à Hanoï le 14 novembre 1997 disait : « La raison d'être de la francophonie procède de cette conviction qu'au XXI$^e$ siècle, les grands espaces linguistiques seront des acteurs à part entière du monde politique. »

# BIBLIOGRAPHIE

Ouvrages généraux :

*Annuaire biographique de la francophonie,* Cercle Richelieu, Nathan, 1989.

Association francophone d'Amitié et de Liaison (AFAL), *Bibliographie de la francophonie.*

AUPELF, *Francophonie scientifique, le tournant,* Paris, John Libbey, 1989.

Blancpain (Marc), *Les lumières de la France. En français malgré tout.*

Bostock (William W.), *Francophonie,* Melbourne, Australia, River Seine Publications.

Brunot (Ferdinand), *Histoire de la langue française, des origines à 1900.*

Colloque des Cent, *L'arbre à palabre des francophones,* Guérin Littérature.

Deniau (Xavier), *Florilège de la langue française et de la francophonie,* Paris, Editions Richelieu-Senghor, 1988.

Du Bellay, *Défense et illustration de la langue française.*

Duron (Jacques), *Langue française. Langue humaine,* Paris, Larousse, 1963.

Farandjis (Stélio), *Francophonie et humanisme. Débats et combats,* Paris, Editions Tougui, 1989.

Guillou (Michel) et Littardi (Arnaud), *La francophonie s'éveille,* Paris, Berger-Levrault, 1988.

Haut Conseil de la Francophonie, *Etat de la francophonie dans le monde. Rapport 1990,* Paris, La Documentation Française.

Haut Conseil de la Francophonie, *La pluralité des langues en francophonie,* Actes de la V$^e$ session du Haut Conseil (Paris, 7-9 février 1989), Paris, Haut Conseil de la Francophonie, 1989.

Lalanne-Berdouticq, *Appel aux francophones,* Editions de la Pensée universelle, 1979.

Léger (Jean-Marc), *La francophonie : grand dessein, grande ambiguïté,* Montréal, Hurtubise HMH, 1897 ; Paris, Nathan.

Morin Jacques-Yvan, La promotion et la défense de la langue française dans le monde, *Revue des Sciences morales et politiques,* 1985.

Rivarol, *De l'universalité de la langue française.*

Schoell (Franck), *La langue française dans le monde. Français moderne,* 1956.

Senghor (Léopold, Sédar), *Liberté* (vol. I, II, III), Paris, Seuil.

Tetu (Michel), *La francophonie, histoire ; problématiques et perspectives,* Montréal, Guérin, 1987 ; Paris, Hachette, 1988.

Viatte (Auguste), Luthi (Jean-Jacques) et Zananiri (Gaston), *Dictionnaire général de la francophonie,* Paris, Editions Letouzey & Ané, 1986.

Actes et comptes rendus de colloques :

Biennale de la Langue française, diverses publications de français universel, 5, rue de la Boule-Rouge, Paris, IX$^e$.

Agence de Coopération culturelle et technique, *Francophonie. Acte Unique européen,* Actes du Colloque international (Franceville, 23-26 janvier 1989), Paris.

Agence de Coopération culturelle et technique, *Francophonie et coopération communautaire internationale. Les communautés, nouveaux instruments de coopération,* Actes du Colloque international, Paris, Economica, 1990.

Divers :

*Annuaire de la francophonie,* Association francophone d'Amitié et de Liaison (AFAL), 5, rue de la Boule-Rouge, Paris, IX$^e$.

*Atlas de la francophonie, Le monde francophone,* Sainte-Foy, Québec, Les Publications du Québec, 1989.

*Carte des pays francophones,* ministère de la Francophonie, Paris, Institut géographique national, 1989.

Fédération internationale des Professeurs de français (FIPF), nombreuses publications, 1, avenue Léon-Journault, 92310 Sèvres.

*Répertoire bibliographique sur la langue française et la francophonie,* Commissariat général de la Langue française, Paris, Éditions Mermon, 1989.

*Vade-mecum des francophones à l'ONU et dans les organisations internationales,* Publications du Sommet de Dakar, 1989.

Revues et bulletins sur la francophonie :

*Lettres et cultures de langue française,* ADELF (Association des Ecrivains de Langue française), 2, rue Broussais, 75014 Paris.

*Bulletin de l'Association francophone d'Amitié et de Liaison* (AFAL), 5, rue de la Boule-Rouge, 75009 Paris.

*Dialogues et cultures,* Fédération internationale des Professeurs de français (FIPF), 1, avenue Léon-Journault, 92310 Sèvres.

*La Lettre de l'ACCT,* L'Agence de Coopération culturelle et technique, 13, quai André-Citroën, 75015 Paris.

*La Gazette de la presse de langue française,* Union internationale des Journalistes et de la Presse de Langue française, 3, rue Cité-Bergère, 75009 Paris.

*Parlements et francophonie,* Assemblée internationale des Parlementaires de la Langue française (AIPLF), 235, boulevard Saint-Germain, Paris (VII$^e$).

*Universités, AUPELF,* Université de Montréal, BP 6128, Montréal, Québec, Canada H3C 357.

# TABLE DES MATIÈRES

## TROISIÈME PARTIE

### *AVENIR DE LA FRANCOPHONIE*

Imprimé en France
par Vendôme Impressions
Groupe Landais
73, avenue Ronsard, 41100 Vendôme
Mai 2003 — N° 50 190

**Charterhouse Library**
*54947*